최송현

부산대학교 조경학과 교수. 서울시립대학교 조경학과에서 학사, 석사, 박사학위를 받았다. 졸업 후 일리노이주립대에서 박사후과정을 거쳤다. 부산대학교 조경학과에서 "조경식물학", "환경생태학", "지리정보체계(GIS)", "식재설계" 등을 가르치고 있으며, "응용생태연구실"을 운영하며 후학을 양성하고 있다. 응용생태연구실은 생태 이론을 응용하여 조경을 비롯한 각종 분야에 활용하기 위한 연구를 하는 곳이다.

산림생태를 연구하기 위해 우리나라 주요 산야는 물론 전 세계의 숲과 들을 누비며 숲과 나무를 연구하고 있다. 최근에는 생태학에 스며 있는 '평등'과 '공존 및 공생'의 가치를 대중의 눈높이에서 전달하고자 노력하고 있다. 인류의 마지막 보고라고 할 수 있는 보호지역으로 국립, 도립, 군립공원, 백두대간보호지역, 산림유전자원보호구역 등 보호지역의 자원, 이용, 관리에 많은 관심을 가지고 있다. 특히, 식물사회의 네트워크를 시각적으로 구현하는 작업 등 최신 융합학문에도 많은 관심을 가지고 있다. (사)한국환경생태학회 교육부회장직을 수행하며 보호지역의 교육적 확산에도 기여했고, 현재는 편집위원장을 역임하고 있다. 『최신조경식물학』(공저), 『공원에서 정원을 보다』(공저), 『한국의 전통사찰』(공저), 『시민의 인성 1』(공저), 『시민의 인성3』(공저) 등의 저서가 있다.

치유인문컬렉션

03

숲을 만나는 기쁨

Collectio Humanitatis pro Sanatione III

natúra

미다스북스

치유인문컬렉션 도서 목록

I

『자기배려, 스스로 돌보는 몸과 삶』

II

『차크라의 지혜』

III

『숲을 만나는 기쁨』

IV

『감정조율을 위한 소리 이야기』

V

『행복해질 수 있는 용기』

VI

『청춘 위로』

VII

『다무포하안마을 고래의 꿈』

VIII

『오직 모를 뿐 벽암록』

IX

『고전치유학을 위하여』

X

『위로의 도시』

XI

『금강산을 누워서 걷노라니』

XII

『파리는 당신을 기억합니다』

---

* 콜렉티오 후마니타티스 프로 사나티오네(Collectio Humanitatis pro Sanatione)는 라틴어로 치유인문컬렉션이라는 뜻입니다. 세상의 상처를 치유하기 위해서는 인간이 만들어낸 모든 학문이 동원되어야 한다는 생각에서 출발합니다.

지구촌의 생물들은
다 같이 동등한 가치를 가진다.

우리들의 관심만이
그들과의 번영을 보장한다.

그들의 번영이
우리의 영속을 보장하는 것이기도 하다.

숲이 우리에게 가르쳐 주는
가장 큰 지혜는 교감이다.

목차

2부 숲과 공간 : 숲으로 바라본 세상

존재와 치유, 그리고 인문

존재

"나는 생각한다, 그러므로 존재한다."

어느 이름난 철학자가 제시한 명제다. 생각으로부터 존재하는 이유를 찾는다는 뜻이다. 나름 그럴듯한 말이지만 결국 이 말도 특정한 시기, 특정한 공간에서만 적절한 명제이지 않을까? 물론 지금도 그때의 연장이요, 이곳도 그 장소로부터 그리 멀지 않다는 점에서 그 말의 효능은 여전하다고 하겠다. 다만 존재 이전에 생각으로 존재를 규정하는 것이 가끔은 폭력이라는 생각도 든다. 나는 이렇게 실제 존재하고 있는데, 존재를 증명하기 위해 합리적이고 논리적인 설득을 선결해야 한다. 만일 존재를 설득해내지 못하면 나의 존재는 섬망(譫妄)에 불과할지도 모르다니! 그래서 나는 이 말의 논리가 조금 수정될 필요가 있다고 생각한다.

"나는 존재한다. 그러므로 존재한다."

존재 그 자체가 존재의 이유인 것이다. 누가 호명해주지 않아도 존재하는 모든 것은 나름의 이유가 있고, 존중받을 가치를 지니고 있다. 존재는 그 자체로 완전하며 누군가의 판단 대상이 아니다. 비교를 통해 우열의 대상이 되어도 안되고, 과부족(過不足)으로 초과니 결손으로 판단되어도 안된다. 또한 사람이든 동물이든, 식물이든, 벌레든 외형이 어떤가에 상관없이 세상에 나오는 그 순간부터 존재는 이뤄지고 완성되며 온전해진다. 존재는 태어나고 자라고 병들고 죽는다. 이 자체는 보편진리로되, 순간마다 선택할 문은 늘 존재한다. 그 문도 하나가 닫히면 다른 문이 열리니, 결국 문은 열려 있는 셈이다. 그 문을 지나 길을 걷다 보면 어느새 하나의 존재가 된다. 어쩌면 순간순간 선택할 때는 몰랐지만, 이것이 그의 운명이요, 존재의 결과일지도 모를 일이다. 그런 점에서 그의 선택은 그에게 가장 알맞은 것이었다. 존재는 그 자체로 아름답다.

치유

그런 점에서 치유라는 개념은 소중하다. 치유는 주체의

존재에 대한 긍정을 바탕으로 자신을 스스로 조절해가는 자정 능력을 표현한다. 외부의 권위나 권력에 기대기보다는 원력(原力, 원래 가지고 있던 힘)에 의거해 현존이 지닌 결여나 상처나 과잉이나 숨가쁨을 보완하고 위로하며 절감하고 토닥여주는 것이다. 원력의 상황에 따라서 멈추거나 후퇴하거나 전진을 단방(單方)으로 제시하며, 나아가 근본적인 개선과 전변, 그리고 생성까지 전망한다. 간혹 '치유는 임시방편에 지나지 않은가' 하는 혐의를 부여하기도 한다. 맞는 지적이다. 심장에 병이 생겨 수술이 급한 사람에게 건네는 위로의 말은 정신적 안정을 부여할 뿐, 심장병을 없애지는 못한다. 그러나 병증의 치료에 근원적인 힘은 치료 가능에 대한 환자의 신뢰와 낫겠다는 의지에 있음을 많은 의료 기적들은 증언해주고 있다. 어쩌면 우리는 이 지점을 노리는지도 모르겠다.

구름에 덮인 산자락을 가만히 응시하는 산사람의 마음은 구름이 걷히고 나면 아름다운 산이 위용을 드러내리라는 믿음을 바탕으로 한다. 내보이지 않을 듯이 꼭꼭 감춘 마음을 드러내게 만드는 것은 관계에 대한 은근한 끈기와 상대에 대한 진심이 아니던가! 치유는 상처받은 이(그것이 자신이든 타인이든)에 대한 진심과 인내와 신뢰를 보내는 지극히 인간적인 행위이다. 마치 세상의 모든 소리를 듣고 보겠다는 관세음보살의 자비로운 눈빛과 모든 이의 아픔을 보듬겠다며 두 팔을 수줍게 내려 안는 성모마리아의 자애로운 손짓과도 같다. 이쯤 되면 마치 신앙의 차원으로 신화(神化)되는 듯하여 못내 두려워지기도 한다. 그러나 치유의 본질이 그러한 것을 어쩌겠는가!

인문

우리는 다양한 학문에서 진행된 고민을 통해 치유를 시도하고자 한다. 흔히 인문 운운할 경우, 많은 경우 문학이나 역사나 철학 등등과 같은 특정 학문에 기대곤 한다. 이는 일부는 맞고 일부는 그렇지 않다. 세상은 크게 세 가지로 구성되어 있다. 여러분이 한번 허리를 곧게 세우고 서 보라. 위로는 하늘이 펼쳐져 있고, 아래로 땅이 떠받치고 있다. 그 사이에 '나'가 있다.

고개를 들어본 하늘은 해와 달이, 별들로 이뤄진 은하수가 시절마다 옮겨가며 아름답게 수놓고 있다. 이것을 하늘의 무늬, 천문(天文)이라고 부른다. 내가 딛고 선 땅은 산으로 오르락, 계곡으로 내리락, 뭍으로 탄탄하게, 바다나 강으로 출렁이며, 더러는 울창한 숲으로, 더러는 황막한 모래펄로 굴곡진 아름다움을 이루고 있다. 이것을 땅의 무늬, 지문(地文)이라고 부른다. 그들 사이에 '나'는 그

수만큼이나 다양한 말과 생각과 행위로 온갖 무늬를 이뤄내고 있다. 이것을 사람의 무늬, 인문(人文)으로 부른다.

인문은 인간이 만들어내는 모든 것을 가리킨다. 그 안에 시간의 역사나 사유의 결을 추적하는 이성도, 정서적 공감에 의지하여 문자든 소리든 몸짓으로 표현하는 문학 예술도, 주거 공간이 갖는 미적 디자인이나 건축도, 인간의 몸에 대한 유기적 이해나 공학적 접근도, 하다못해 기계나 디지털과 인간을 결합하려는 모색도 있다. 이렇게 인문을 정의하는 순간, 인간의 삶과 관련한 모든 노력을 진지하게 살필 수 있는 마음이 열린다. 다만 이 노력은 인간이 지닌 사람다움을 표현하고 찾아주며 실천한다는 전제하에서만 인문으로 인정될 수 있다. 이제 천지와 같이 세상의 창조와 진퇴에 참육(參毓)하는 나를, 있는 그대로 바라볼 때가 되었다.

餘滴

어데선가 조그마한 풀씨 하나가 날아왔다. 이름 모를 풀씨가 바윗그늘 아래 앉자 흙바람이 불었고, 곧 비가 내렸다. 제법 단단해진 흙이 햇빛을 받더니, 그 안에서 싹이 올라왔다. 그런데 싹이 나오는 듯 마는 듯하더니 어느

새 작은 꽃을 피웠다. 다음 날, 다시 풀씨 하나가 어데선가 오더니만 그 곁에 앉았다. 이놈도 먼저 온 놈과 마찬가지로 싹을 틔우고 꽃을 피웠다. 그런데 이게 웬일인가! 그 주위로 이름 모를 풀씨들은 계속 날아와 앉더니 꽃을 피워댔다. 이들은 노란빛으로, 분홍빛으로, 보랏빛으로, 하얀빛으로, 혹은 홑색으로 혹은 알록달록하게 제빛을 갖추었다. 꽃 하나하나는 여려서 부러질 듯했는데, 밭을 이루자 뜻밖에 아름다운 꽃다지로 변했다. 생각지도 못한 일이었다!

이 컬렉션은 이름 모를 풀꽃들의 테피스트리다. 우리는 처음부터 정교하게 의도하지 않았다. 아주 우연히 시작되었고 진정 일이 흘러가는 대로 두었다. 필자가 쓰고 싶은 대로 쓰도록 했고, 주고 싶을 때 주도록 내버려 두었다. 글은 단숨에 읽을 분량만 제시했을 뿐, 그 어떤 원고 규정도 두지 않았다. 자유롭게 초원을 뛰어다닌 소가 만든 우유로 마음 착한 송아지를 만들어내듯이, 편안하게 쓰인 글이 읽는 이의 마음을 편안하게 할 것이라는 믿음 때문이었다. 우리는 읽는 이들이 이것을 통해 자신을 진지하게 성찰하고 새롭게 각성하기를 원하지 않는다. 그저 공감하며 고개를 주억거리면 그뿐이다. 읽는 분들이여, 읽다가 지루하면 책을 덮으시라. 하나의 도트는 점박이를 만들지만, 점박이 101마리는 멋진 달마시안의 세계를 만들 것이다. 우리는 그때까지 길을 걸어가려 한다. 같이 길을 가는 도반이 되어주시는 그 참마음에 느꺼운 인사를 드린다. 참, 고맙다!

2024년 입추를 지난 어느 날
치유인문컬렉션 기획위원회 드림

도시생활이 녹록치 않은 모양이다. 언젠가부터 사람들 입에 회자되는 단어들을 떠올려 보았다. '도시화', '산업화'. 그리고 이어지는 '웰빙', '복지', '치유' 등. 문명으로 상징되는 용어는 부정적인 뉘앙스로 다가오고 이어지는 단어들은 지향점으로 다가온다. 그래서 인가 사람들이 산과 숲으로 향하고 있다. 그것도 귀찮은지 집 근처에 그것들을 가져다 놓고 싶은가 보다. 문 밖을 나서서 분침이 채 10칸도 가기 전에 공원과 녹지를 접해야 진정 사는 맛이 나는가 보다.

필자가 숲을 접한 것은 우연한 계기였다. 하긴 처음부터 동기 없이 숲을 찾아 나서는 사람이 얼마나 되겠는가! 그런 측면에서 우연은 필연이라고 불러도 문제가 없겠다. 만약 중간에 신체적 한계나 정신적인 고통을 받았다면 숲을 향한 발걸음은 진작에 돌렸을 것이다. 그러지 않고 여기까지 왔으니 운명이라고 해야할까!

처음에는 모든 것이 낯설었다. 마치 먼 타국에 혼자 떨어진 것처럼 말이다. 실제로 살면서 그런 경험이 있었다. 그렇지만 시간이 지나면서 조금씩 상대를 알아가니 새로운 세상이 열렸다. 조금씩 대상을 알아가는 것이 훗날 돌이켜보면 익숙함으로 해석되는 경우가 많았다. 어려서부터 흙바닥에서 놀고 오면 부모님들은 더럽다는 표현을 쓰셨다. 그래서 흙은 깨끗하게 씻어내야 하는 존재였다. 그러다 숲일을 하게 되면서 여느때 처럼 숲에서 조사를 하다가 나무 사이에 앉아서 잠시 쉼을 하면서 흙을 만져보았다. 낙엽을 들추자 그 밑에 까맣게 참흙이 드러났는데, 그것들은 유기물이 분해된 것으로 생명의 원천을 간직하고 있었다. 문득 이러한 흙을 나는 왜 여태 깨끗하지 않은 존재로 알았던 것일까라는 생각이 들었다. 단순하다. 그것에 대해 잘 몰랐던 것이고 누가 알려주지 않았던 것이다.

오래전부터 관련분야의 연구자들이 여름철이면 모여서 국립공원 같은 보호지역을 대상으로 합동조사를 해왔다. 1987년부터이니 꽤나 오래되었다. 연구비가 부족하니 각 분야의 연구자들이 매달 회비를 모으고 그 돈으로 자발적 연구를 실시하였다. 워낙 재정이 열악하니 초등학교 방학을 기다려 빈 교실에서 단체로 숙박을 하였고, 먹는 것도 식재료를 배분하며 각 팀별로 요리를 해먹었다. 그런데 배분된 식재료는 같은데 팀마다 내어놓은 요리는 맛이 천차만별이었다. 너무 당연한 것 이었지만 필자는 엉뚱하게도 이 일이 늘 신기했다. 훗날 독자적으로 연구실을 가질 수 있을 즈음에 그때의 기억을 떠올리며, 기본적인 생태이론을 잘 응용하면 다양한 해석이 가능할 것이라는 생각에 미치게 되었다. 그래서 연구실 이름을 '응용생태연구실'이라고 지었다. 마치 같은 재료를 쓰더라고 다양한 요리를 구현해 내는 것처럼 말이다. 그러면서 내가 알고 있는 숲과 생태에 대한 지식을 보다 쉽게 사람들에게 전달할 필요도 같이 느꼈다. 서두가 좀 길어졌지만 이 책은 이런 동기로 집필이 시작되었다.

숲은 언어다. 우리가 다른 나라 말을 배우려면 기본적으로 그 나라에서 쓰는 언어의 '가나다' 그리고 단어를 알아야 한다. 그리고 그것을 조합하면 소통이 된다. 숲도 언어라고 단정했으니 당연히 숲을 이해하기 위한 기본적인 '가나다'와 자주 쓰는 단어를 익히는 것이 중요하다. 이 책의 내용은 숲에 가깝게 다가가서 마침내 숲 안으로 들어가고 기본적인 것을 익히면서 숲과 소통하는 과정을 연상하면서 골격을 잡았다. 만약 독자들이 책의 내용을 접하면서 초반에 마치 공부를 해야 하는 것처럼 진입 장벽을 느꼈다면 그 부분을 건너뛰고 막바로 잘 차려진 밥상으로 가도 좋다. 음식의 맛을 제대로 느끼기에는 조금

부족하겠지만 대세에 지장은 없을 것이다. 후반부에는 특별히 숲 맛집 정보도 제공했는데 필자가 강력하게 추천하니 숲기행을 한다 해도 후회가 없을 것이다. 음식을 먹으면 재료를 궁금해하듯이 숲을 맛보면서 어떤 재료로 구성되어 있는지 알아가는 기쁨, 그리고 숲과 소통하는 기쁨을 누려 보기 바란다.

필자는 다시 숲으로 가야겠다. 며칠 전 다녀온 숲에서 놀랍고 새로운 것을 발견했기 때문이다. 이 맛을 잘 기억했다가 훗날 여러분들에게 다시 소개할 기회가 있기를 바란다.

감태나무가 많은 청학골에서
최송현 두손모음

1부

숲과 치유
: 숲이 건네는 치유의 시간

natura

Collectio Humanitatis pro Satentione III

숲과 산까지의 거리가 같은 이유

아침에 일어나 틀에 박힌 일들을 마무리 하고 문을 나
선다. 오늘은 산행을 할 예정이다. 우리나라는 국토의
2/3가 산지이고 산에 가야 숲을 볼 수 있다. 숲을 뜻하는
영어 'forest'는 산림(山林)이다. 중국이나 일본에서는 숲을
뜻하는 용어로 '삼림(森林)'을 쓴다. 우스개 소리로 산림(山
林)은 뫼 산(山)과 나무 두 그루(林)지만, 삼림은 나무가 무려
다섯 그루이다. 나무가 많으면 숲이 되고 그것을 글로 표
현한 것이다. 따라서 삼림에는 산에 있는 숲뿐만 아니라
평지에 있는 숲도 모두 포함한다. 그렇지만 우리가 쓰는
숲을 뜻하는 용어인 산림에는 평지 숲의 개념이 없는 것
이나 마찬가지이다. 왜 그럴까? 이유는 간단하다. 우리
나라는 앞서 애기한대로 국토의 어디서든지 볼 수 있는
산이 많은 나라이다. 그래서 농사나 집을 지을 수 있고
활동할 수 있는 평지는 숲이 있었더라도 숲을 없애고 활
용했을 것이다. 그래서 비가용지인 산에만 숲이 남게 되

었을 것이다. 그리하여 우리나라는 다른 나라와 달리 숲까지의 거리와 산까지의 거리가 같다. 산행을 한다는 것은 숲에 간다는 얘기이기도 하다.

숲은 '수풀'의 줄임말이다. 우리가 쓰는 '산림'이라는 용어를 어느 정도 사용했는지 알아보았다. 우선 조선왕조실록을 검색해 보면 '산림'은 804건이 나온다. 반면 삼림은 나오지 않는다. 삼국사기에도 '산림'만 사용되었다. 일제가 우리나라를 강점하는 과정에서 1908년 법을 만들었는데 그 법이 '삼림법'이다. 우리나라 산림을 수탈하기 위해서 이 법을 제정했는데, '삼림'이라는 용어는 이때 등장한다. 지금은 당연히 삼림대신 산림을 쓰고 있다. 그래서 숲 관련 정부 부서는 산림청이고, 학과는 산림자원학과이다. 만약 어느 숲에 갔는데 '삼림욕장'이라고 표현되어 있다면 이를 '산림욕장'이라고 정정해 달라고 요청해야 할 것이다.

숲에 가는 많은 사람들이 머릿속으로 치유(治癒)를 떠올린다. 산과 숲까지의 거리가 같은 우리나라의 상황에서 숲에 가는 것은 기본적인 체력을 요하는 일이고, 결국 정기적으로 산행을 하는 것은 신체적인 치유를 돕는 것이다. 그러나 많은 사람들은 산이나 숲에서 정신적 안정을 더 많이 얻는다. 혹자는 회색빛이 압도적인 도시 생활에서 자연의 색인 녹색을 접하기 때문이라고 말하기도 한다. 그래서 도시의 녹지나 공원을 관리하는 담당자, 설계자 혹은 연구자들은 도시에서 사람들에게 보다 많은 녹색을 보이게 하려고 노력한다. 이를 부르는 용어가 녹시율(綠示律)이다. 콘크리트와 아스팔트로 상징되는 도시에 공원과 녹지를 조성하여 자연의 효과를 누리게 하는 것이다. 아무리 그래도 도시는 도시다. 그래서 사람들은 진짜 녹색을 찾아서 숲으로 가는 것이리라.

그렇지만 녹색이라고 해서 다 같은 녹색은 아니다. 도시의 공원과 녹지는 인위적인 목적으로 만들어졌고, 어떤 목적을 수행하기 위해 기능적으로 조성된 것이다. '도시공원 및 녹지 등에 관한 법률'에서는 녹지를 완충녹지, 경관녹지, 연결녹지로 기능을 부여해서 지정하고 있다. 이러한 녹지는 기존의 자연녹지를 활용한 것도 있지만 상당 부분은 조성한 녹지이다. 인위적인 목적을 가지고 말이다. 그렇지만 산에 있는 자연은 자연이 만든 자연녹지이다. 우리가 흔히 부르는 자연(自然)은 글자 그대로 '스스로 그러하다'라는 뜻이 된다. 노자의 『도덕경』에 나오는 상선약수(上善若水)란 물이 최고의 선이라는 뜻이다. 물의 성질은 항상 높은 곳에서 낮은 곳으로 흐른다. 이러한 현상은 스스로 그러한 것이고 그것이 곧 자연이다. 반면 도시의 물은 스스로 그러할 수 없는 경우가 많다. 분수가 그러한 예이다. 자연 상태에서는 물이 중력을 거스르고 위로 솟구치는 것을 볼 수 없다. 물론 미국의 옐로우스톤 국립공원 간헐천이 하늘을 향해 물이 솟구치는 사례가 있는데 사람들은 자연의 원리를 통해 그것이 인위적인 것이 아니라는 것을 안다. 물이 높은 곳에서 아래로 흐르는 것이 자연의 질서이다. 우리가 산에서 보는 숲은 자연 스스로가 자연의 원리에 의해 만들어낸 것이다. 즉, 자연의 숲에는 인간의 인위성이 배제되어 있고 자연의 원리가 숨어 있는 것이다. 그래서 다 같은 녹색이라도 다른 것이다.

자연이 만든 숲은 그 안에 변화성을 내재하고 있다. 대표적으로 사계절의 변화이다. 어느 숲은 어느 한순간도 우리에게 같은 모습으로 다가오지 않는다. 지금 이 순간에도 자연은 우리와 다른 시간 속에서 변하고 있다. 자연의 숲이 내재하고 있는 두 번째의 것은 다양성이다. 우리가 도시의 가로수를 한 종으로 심고, 공원의 나무를 제한된 수종으로 심는 것과 달리 자연은 그 지역에 맞는 것이 살아남아서 우리 앞에 다양하게 나타난다. 사람들은 무의식적으로 그런 자연의 질서를 통해서 정신적 쉼을 얻는 것이다. 인간이 자연의 일부 아닌가.

 이렇게 숲은 우리에게 육체적, 정신적으로 휴식과 안정을 준다. 물론 그게 다는 아니다. 이제 다시 발걸음을 재촉하여 산으로 그리고 숲으로 가보자. 도시의 삶에서 방전된 나를 숲이 채워줄 것이다.

숲은 스스로 그러해진 결과이다. 숲은 변화성과 다양성을 품고 있어 사람들은 지루함을 느낄 수 없고, 우리 인간에게 끊임없는 혜택을 주고 있다.

2.

당신을 부르는 치유의 숲

필자의 고향은 서울 변두리이다. 고향이라는 단어에는 따뜻한 전원과 어릴 적 풋풋한 모습으로 노니는 이미지가 떠올라야 할 것 같다. 그러나 어릴 적 나의 고향 서울 변두리에서 그런 모습을 기대하기는 어렵다. 어릴 적 쪽방을 전전하며 공동 우물이 있는 가난한 동네에 살았고 한동안은 기차가 가깝게 지나는 동네에 머물렀었다. 그래서 철로에 귀를 대고 기차가 오는지 확인하는 모험, 병뚜껑이나 못을 철로에 올려놓고 펴는 놀이를 했던 기억이 있다. 산은 멀리 보였을 뿐 숲에 대한 어릴 적 기억은 별로 없다.

당시 다녔던 國民(국민)학교(현재는 초등학교), 중학교, 고등학교 교가에는 관악산이 우리에게 정기(精氣)를 전해주기 위해 늘 나왔다. 주변의 다른 학교도 그랬다. 한결같이. 나중에 안 사실이지만 관악산은 학교와 정말 멀리 떨어져 있었다. 그만큼 가까이에 산이라고 불릴 만한 것이 없었다는 뜻이리라. 한글도 국민학교에 가서야 처음 배우던 그 시절, 드디어 산에 대한 정보를 접했다. 주변에 누군가가 북한산(北漢山)을 다녀왔다는 것이다. 놀랐다. 반공교육에 찌들어 있던 필자는 '북한산이 분명 북한(北韓)에 있는 산일 텐데' 그곳에 어떻게 다녀왔는지 의심의 눈초리를 거둘 수 없었고 긴장했던 기억이 있다. 나는 대학을 가서 환경생태를 연구하는 실험실에서 연구 보조를 하며 처음으로 숲을 연구하는데 일조했다. 그 산이 북한산이다. 북한산은 남한(南韓)에 있었다.

대학 시절 여행을 하고 싶었으나 풍족하지 못해서 기회를 가지기 어려웠다. 그러다가 연구실에서 연구 보조로 일을 하면 숙식을 제공받으면서 현장을 갈 수 있다는 것을 알게 되었다. 조사 현장이 여행이라고 곧바로 연결할 수는 없지만, 그래도 개인적으로는 어디론가 떠난다는 것에 큰 의미가 있었다. 예상대로 현장 조사는 주로 숲이 있는 곳으로 향했고, 그 과정에서 스스로도 정의하지 못한 여행의 의미를 만끽했다. 지금은 다른 사람들에게 숲으로 가는 여행을 안내할 수 있게 되었다. 돌아보면 시작은 매우 단순했다.

누구에게나 기억에 남는 처음의 숲이 있으리라. 필자의 경우 북한산은 예비 연구자로서 처음 갔던 곳이다. 그곳은 이미 우리나라 대표적인 보호지역 국립공원이었다. 교수님과 선배 연구자들을 따라서 갔던 곳에서 야영장에 텐트를 쳐놓고 직접 밥을 해먹으며 식생조사를 도왔던 기억이 새롭다. 특히, 여름 조사 기간 집중 호우가 내리는 통에 텐트가 침수되고 악전고투를 했던 기억이 더욱 남는다. 그때 필자가 도움을 주었던 식생조사 결과는 「응용생태연구」 학술지로 나왔고, 서울천년타임캡슐에 포함되는 영광도 누렸다. 학부생이었기 때문에 비록 학술지에 이름이 올라가 있지는 않지만, 나를 부른 숲은 그렇게 기억에 남게 되었다. 어쩌면 정체성 없는 고향을 대신하면서 말이다.

최근 북한산국립공원의 우이령 지역을 대상으로 식생조사를 할 기회가 있었다. 산에서 식생조사를 하다 보면 주변을 지나는 사람들이 호기심을 가지고 무엇을 하는 것이냐고 묻는다. 그러면 우리는 상투적으로 "나무를 조사"한다고 얘기한다. 그럼 질문을 했던 사람은 "그러냐"고 수긍하고 더 이상 묻지 않는다. 조사 현장에서 우리가 하는 일의 배경이 무엇이고, 목적이 무엇이고, 어떤 결과를 얻을 것인지, 그리고 조사 결과를 어떻게 활용할 것인지 얘기하지 않는다. 어쩌면 상호간에 필요 없는 대화였는지 모르겠다. 그렇지만 그런 대화가 의미 없는 것은 아니다. 그들의 호기심을 알기 쉽게 전하기 위해 우리는 기초 조사를 하는 것이다. 어떤 나무가 숲을 이루는지, 그리고 숲이 어떤 가치를 가지고 있고 앞으로 어떻게 변해가는지를 연구한다. 우리는 연구 결과를 기록으로 남길 것이다. 그것은 나를 부른 숲에 대한 예의이기도 하다.

북한산국립공원 우이령 계곡의 숲. 국립공원으로 지정된 이후 우이령길이 있는 우이령 계곡은 일반인들의 출입이 금지된 채 부분적으로 개방되어 있다. 신갈나무와 졸참나무로 구성된 낙엽활엽수가 우점종인 숲을 이루고 있다.

숲은 아니지만 가장 가슴 벅찬 산행은 백두산 등정이었다. 어려서부터 귀에 못이 박히도록 교육을 통해서 들어온 민족의 영산 그리고 애국가에도 나오는 백두산. 대학원에 진학한 후 백두산 식생을 연구할 기회가 생겼다. 1991년 그때는 대한민국과 지금의 중국이 수교를 맺기 전인 적성 국가 시절이었다. 국가안전기획부에서 교육을 받고 당시는 중공이라고 부르던 곳을 간 것이다. 민족의 영산을 오른다는 것은 꿈만 같은 일이였다. 배를 타고 중국에 입국하여 산전수전 다 겪으며 백두산으로 향했다. 그러나, 백두산 천지에 다다른 행로는 생각보다 감흥이 적었다. 왜냐하면 해발 2700미터까지 짚차를 타고 갔기 때문이다. 막상 도착하니 구름이 껴서 아무것도 보이지 않았다. 백두산 천지를 보려면 3대가 덕을 쌓아야 한다는 속설도 있다던데 백두산 천지는 수줍기만 했다. 구름 낀 백두산을 차를 타고 올라갔으니 육체적 고통도 없는 산행이었고 안개낀 천지는 그야말로 오리무중이었다. 조금만 기다려 보자는 의견에 설마 하며 기다리고 있었는데, 갑자기 한쪽 하늘이 열리면서 장막을 걷어내듯 순식간에 백두산 천지가 눈앞에 펼쳐졌다. 믿을 수 없는 광경이었다. 구름이 잠시 걷힌 동안 천지는 민족의 영산으로써 유감없는 자태를 드러내 주었다. 다만 너무 쉽게 백두산을 올라간 것은 왠지 예의가 아닌 듯한 느낌이 들었다. 다행히도 천지를 본 후에 백두산을 걸어서 내려올 수가 있었는데, 정말이지 환상적인 경관의 연속이었다. 당시 사진기를 소유하고 있지 않던 시절이라 머릿속에 풍광만 남

Collectio Humanitatis pro Sanatione III

아 있다. 함께 갔었던 교수님들은 엄청난 사진을 찍었지만 그날 밤 중공군(?)에게 필름을 모조리 빼앗겼다. 그로 인해 일주일을 백두산에서 머물면서 식생조사를 계획했던 우리 일행은 바로 다음날 백두산에서 철수하게 되었는데, 백두산 언저리를 지나면서 보았던 자작나무와 잎갈나무숲은 희미하게 기억에만 남아 있다. 숲을 향한 내 여정은 이렇게 시작되었다.

3.

숲과의 교감, 정신적 치유의 시간

숲에 다 와 간다. 숲의 윤곽이 뚜렷해진다. 개개 나무
가 보이기 시작한다. 다소 어려울 수 있겠으나, 숲을 다
루는 학문이 생태학인데 생태학에서는 숲과 숲을 이루는
세부 요소를 어떻게 부르는지 용어를 알아볼 필요가 있
겠다. 그래야 숲과 나무에 더 가까워질 수 있으니까. 처
음에는 전문적일 것이라고 생각되겠지만 좀 쓰다 보면
금방 익숙해질 것이다. 우리 일상생활에서도 많이 스며
들어 있는 용어이기 때문이다.

우선 첫 번째로 익혀볼 용어는 '개체(個體)'이다. 개체는
말 그대로 개개의 몸체라는 뜻으로 모든 생물의 기본 단
위이다. 예를 들면, 나 자신도 생태학에서는 한 몸뚱이로
개체, 주변을 나는 새 한 마리도 개체가 되는 것이다. 그
러니 우리가 산에서 가서 소나무를 보게 되면 소나무개
체를 만나는 것이고, 신갈나무를 만나면 신갈나무 개체

를 만나는 것이다.

그럼 소나무 숲을 만나면 우리는 뭐라고 불러야 할까? 소나무 개체가 여럿 모였으니 무리를 지칭하는 용어 '군(群)'을 개체 뒤에 붙여서 '개체군(個體群)'이라고 부르면 된다. 이것은 두 번째 배우는 용어이다. 개체군은 개체들의 무리이고, 같은 종들이 모인 집합이다. 그 개체가 소나무이면 '소나무 개체군'이고, 사람이면 '사람 개체군'이 되는 것이다. 그러나 '사람 개체군'은 특별히 '인구(人口)'라고 부른다. 사람 무리를 특별히 부르는 것을 제외하면 나머지 대부분은 우리가 부르는 개체 이름에 '군'만 붙이면 된다. 즉, '참새 개체군', '졸참나무 개체군' 등

이제 세 번째 용어를 배워보자. 자연 상태에서 이런 개체군들은 서로 뒤섞여 있다. 당장 집 뒷산의 소나무숲만 가도 소나무만 있는 것이 아니라 소나무 사이에 진달래, 철쭉, 싸리나무, 국수나무 등 다양한 식물들이 혼재되어 분포하고 있다. 어디 그뿐이랴! 다람쥐, 어치, 박새 등 눈에 크게 띄는 동물들도 보인다. 눈에 안 보이는 생물들은 얼마나 많겠는가! 동물, 식물을 포함하는 다양한 생물 개체군이 한꺼번에 다 모여 있는 것이다. 이 경우 우리는 '군집(群集)'이라고 부른다. 영어로는 공동체를 뜻하는 community이다. 생물들의 총 집합인 것이다. 그럼 수많

1부 숲과 치유 : 숲이 건네는 치유의 시간

은 군집을 어떻게 구별해서 불러야 할까? 특정 시간, 특정 공간에 모여 있는 생물들의 모임을 부를 명칭이 필요하다. 어떻게 이름을 붙일까? 아무래도 눈에 많이 띄거나 세력이 큰 것의 이름을 붙이면 좋겠다. 다시 뒷산의 소나무 숲으로 가보자. 여러 생물들이 전체적으로 모여 있지만 소나무가 가장 많이 보인다. 집단에서 압도적으로 우위를 차지하는 것을 '우점종(dominant species)'라고 부른다. 우점종인 소나무의 이름을 빌리고 모임의 정체성인 군집을 접합시키면 '소나무 군집'이라는 용어가 만들어진다. 만약 우위를 점하는 생물을 파악하기 곤란한 경우 즉, 갯벌과 같은 경우에는 물리적 환경을 따서 "갯벌군집"이라고 부르면 된다.

만약 내가 뒷산 소나무 숲을 보러 갔는데 소나무만 관찰하려고 갔다면, 우리는 그것을 '소나무 개체군'이라고 부를 수 있고, 소나무 숲에 어울려 있는 다양한 생물들을 관찰하러 갔다면 '소나무 군집'이라고 구분해서 부를 수 있다.

앞에서 개체, 개체군, 군집을 구분할 수 있게 되었다. 개체에서 군집까지 용어를 정의해 가면서 보니 모두 생물만을 지칭하고 있다. 우리 주변의 환경은 생물만 있는 것은 아니다. 계곡을 흘러내리는 물도 있고, 바위도 있고, 대기도 있다. 자연에서는 이런 무생물적인 것들도 모두 만날 수 있다. 생물과 무생물을 모두 합쳐서 부를 수 있는 명칭이 필요하다. 이를 칭하는 용어가 '생태계(生態系, ecosystem)'이다. 그러고 보니 생태계는 삼라만상을 포함하는 큰 용어가 되었다.

개체에서부터 생태계까지 용어는 위계를 가지고 있다. 용어를 포괄하면서 새로운 용어를 만들거나 설명했기 때문이다. 그리고 이것은 개념적인 용어 구분이다. 그렇지만 이러한 용어로 지구상의 생물과 환경을 표현하기에는 부족한 부분이 있다. 눈앞의 사물이나 현상을 설명하기 위해서 용어를 만들었는데, 현실적 상황은 이 모든 것을 반영하기에는 용어의 설명력이 부족하기 때문이다. 그래서 이 용어들이 설명하지 못하는 지역적인 상황을 고려하여 별도로 부르는 용어가 만들어진다.

'메타개체군(metapopulation)'은 Levins(1970)가 만들어낸 용어로 '개체군의 개체군'이다. 일정 지역에서 같은 종이 분산되어 있고 상호관계가 유지되는 지역 개체군들의 집합이다(Hanski, 1991). 개체군의 정의를 생각해 보면 개체군은 한 종이 여럿 모인 것인데, 모여 있다는 것은 개체간 상호작용이 있다는 것을 의미한다. 마찬가지로 '메타 개체군'은 지역 개체군들이 서로 소멸과 이동의 상호작용을 하면서 유지되는 집단이라고 볼 수 있다. 마찬가지로 '메타 군집(metacommunity)'도 '메타 개체군'과 유사하게 정의할 수 있다. '메타 군집'은 상호관계가 유지되고 있는 지역 군집의 집합이다. 앞서의 용어는 개념적인 설명은 했지만 축척을 고려하지 않아서 생긴 것이다. 그렇지만 '메타 개체군'이나 '메타 군집'과 같은 용어를 일상생활에서 사용할 일이 많지 않으므로 일반사람들은 깊게 생각하지 않아도 되겠다.

한편, 군집은 모든 생물의 집합을 뜻하는데 연구 분야에 따라서는 이 범위가 너무 넓을 수 있다. 그래서 식물 분야에서는 군집 단위의 용어에서 별도로 식물만을 지칭하는 용어를 사용한다. 그것이 '군락(群落)'이다. 군락이란 생육 조건이 같은 식물이 무리 지어 있는 것을 지칭하는데, 주변의 다른 것과 구별되는 식물집단이라는 의미를 뜻하며, 학자에 따라서는 '군총(群叢)'이라는 용어를 쓰기도 한다.

이상의 용어만 어느 정도 알고 있다면 우리는 숲에 가서 제법 전문적으로 그것들을 부를 수 있다. 숲에 다가가기가 훨씬 수월 해졌다. 다가가면 교감을 할 수 있다. 교감은 소통을 의미하는 것이고 정신적 치유의 시작이 되는 것이다. 물론 개개 식물이나 동물의 이름을 알고 불러

주는 것이 기본이겠지만 그 전단계로 이들 용어만 사용해서 소통이 시작되는 것이다.

경상남도 하동 송림 천연기념물(제445호). 소나무를 위주로 보전하고 있고 대부분의 사람들이 소나무를 향유하기 위해 오는 소나무 개체군이다.

생태학에서 사용하는 용어. 개체부터 생태계에 이르기까지 위계를 가지고 용어가 정의되어 있다.

4.

나무와의 대화 '너는 왜 거기 있니?'

숲에 다가섰는데 제법 우람한 나무가 길옆에 서 있다. 나무줄기가 매끈한 합다리나무(Meliosma oldhamii)다. 그 나무를 보자 갑자기 너무나 직설적인 질문이 떠오른다.

"너는 왜 여기 있니?"

식물이 발이 달린 것도 아니고, 숲에 누가 가져다 심은 것도 아니다. 이 문제는 생각보다 심오한 일련의 현상을 요구한다. 거꾸로 합다리나무가 나에게 질문을 던진다.

"그런 너는 왜 여기 있니?"

거시적으로 보면 이 광활한 우주에서, 그 속의 한 점 그러나 가로 질러 가는데만 빛의 속도로 10만 년이 걸린다는 우리은하, 그 은하의 변두리에 위치한 태양계, 태양계에서 세 번째 궤도를 도는 지구, 그리고 이곳 대한민국의 어느 산에서 둘이 마주친 것이다.

"나야 뭐 어찌어찌하다 보니 여기 살게 되었지!"

그러자 합다리나무도 대답한다.

"나도 어찌어찌하여 여기서 살게 되었다네"
"그렇구만. 피차일반이네"

생태계는 우리가 일반적으로 생각한 것과는 달리 매우 냉정하다. 생태계의 냉정함을 가장 잘 표현한 말은 노자 『도덕경』에 나오는 '하늘과 땅은 어질지 않다'는 천지불인(天地不仁)이다. 우리가 사는 생태계에서 우리가 존재한다는 것은 우리가 살아 가는데 필요한 조건이 충족되어 있기 때문이다. 만약 주변의 환경조건이 충족되지 못했다면 우리는 존재할 수 없었을 것이다.

생물들은 다양한 환경에 둘러싸여 살아간다. 생물에 영향을 미치는 환경요인이 다양하기 때문에 생물의 생존에 필요한 조건을 일일이 나열하기는 곤란하다. 그렇지만 생물의 생활에 가장 큰 영향을 미치는 요인은 하나 혹은 소수이다. 그러한 환경요인을 제한요인(limiting factor)

이라고 한다. 작물의 수확량을 연구했던 리비히(Liebig)는 수확량이 작물 주변의 풍부한 자원에 의해 결정되는 것이 아니라 미량의 영양분에 의해 영향을 받는다는 사실을 알아내었다. 리비히의 연구 결과는 생태학 모델에 전반적으로 영향을 미치는데, 이를 '리비히의 최소의 법칙(Liebig's law of the minimum)'이라고 하고, 줄여서 '리비히의 법칙' 혹은 '최소의 법칙'이라고도 부른다. 서양에서 술을 담는 배럴(barrel)통을 떠올려보자. 긴 막대를 옆으로 붙여서 만든 것이 배럴통인데, 긴 막대가 모두 높이가 같아야 액체를 담을 수 있다. 그런데 만약 막대 하나의 높이가 현저하게 짧다면 그쪽으로 액체가 흘러넘칠 것이다. 리비히는 이런 원리에 착안하여 작물에 필요한 원소가 아무리 많아도 가장 소량으로 존재하는 원소가 작물의 수확량을 좌지우지한다는 것이다.

그렇게 보면 우리의 생존조건은 의외로 매우 취약해 보인다. 좀 더 와 닿는 예가 전 세계적으로 우리나라에만 분포하는 구상나무(Abies koreana)이다. 구상나무는 우리나라에서만 자생하는 특산식물이다. 특산식물이란 한정된 지역에서만 생육하는 식물을 말한다. 구상나무는 전 세계적으로 우리나라 외에는 생육하지 않는다. 주변에서 보는 구상나무는 원종으로부터 종자나 나무를 가져와 육종한 것이다. 구상나무의 학명(scientific name)은 우리나라에서만 생육한다는 점이 반영되어 Abies koreana이고, 영어 이름도 Korean fir이다. 학명은 학계에서 식물에 붙인 이름인데, 식물이 국적이 있는 것이 아니기 때문에 분포하는 지역에 따라서 각기 이름이 다르다. 그래서 전 세계 누구나 알 수 있도록 통일해서 부르는 이름이 필요해서 만든 것이다. 학명은 라틴어로 쓰기 때문에 다소 낯설 수 있다. 식물은 국적이 없다고 했는데, 특산식물은 국적을 가진 것이라도 불러도 되겠다. 구상나무가 우리나라에만 분포하고 있다는 것은 영국 태생의 식물학자 Wilson이 1920년 「Four new conifers from Korea」라는 논문을 통해 세상에 알려지게 되었다.

구상나무는 주로 한라산에서부터 지리산을 거쳐 덕유산까지 아고산 지대에 분포한다. 그럼 구상나무가 왜 우리나라에만 분포하고 있는지 살펴보면 이는 지리적 특성과 기후 변화와 밀접한 관련이 있다. 구상나무는 북방계 식물로 분류되며, 약 2만 년 전 가장 추운 시기에는 동북아시아 지역에 넓게 분포하였다. 그러나 이후 간빙기를 피해 북쪽으로 후퇴하거나 고산지대에 잔류한 것으로 보인다. 식물들도 느리지만 종자 산포 등을 통해서 이동하는데, 동북아시아 특히, 우리나라의 지형적 특성상 한라산, 덕유산 그리고 지리산 등의 아고산 지대가 구상나무의 서식지 되었다. 아고산지대는 해발고가 높고 기온 등 환경 조건이 맞지 않아서 나무가 점차 키가 작아지는 지역을 말한다. 그 곳에 남아 있는 구상나무를 잔존종(殘存種, relict)이라고 부른다. 구상나무는 생육에 있어 온도가 중요한 요소로 작용하고 있다. 최근 기후변화의 영향이 커지면서 겨울철 따뜻한 기온은 수분공급의 변화를 가져와 구상나무가 수분스트레스를 심하게 겪고 있어 온도와 수분 모두 생육 제한 요인이 되었다. 이는 구상나무 생존에 큰 위협이 되고 있다.

구상나무는 온도에 민감하여 '온도에 대한 내성범위가 좁다'라고 할 수 있다. 날씨가 춥거나 따뜻하거나 잘 견딜 수 있다면 모르겠지만 구상나무는 그렇지 못한 것이다. 생물이 환경요인에 대해 견디는 능력을 내성(tolerance)이라고 하는데, 내성범위가 넓고 좁고는 모든 환경요인에 대해 적용될 수 있다. 예를 들면 덥거나 춥거나 잘 생육한다면 온도에 대한 내성범위가 넓은 것이고, 오직 덥거나 추운 곳에서만 생육이 가능하다면 온도에 대한 내성범위가 좁은 것이다. 내성범위가 넓을 경우에는 'eury', 내성범위가 좁으면 'steno'를 환경요인 앞에 붙인다. 그래서 온도에 대한 내성범위가 넓으면 광온성(eurythermal), 좁으면 협온성(stenothermal)이라고 표현한다. 같은 방식으로 다양한 먹이를 먹을 수 있으면 광식성(euryphagic), 먹을수 있는 먹이의 종류가 적으면 협식성(stenophagic)이 된다. 사람들도 특성에 따라 내성범위를 붙여보는 놀이를 해보는 것도 재미있겠다. 내성범위가 유사한 사람들이 모이면 동류의식을 더 느낄 수 있을 것이다.

구상나무(Abies koreana). 우리나라에만 있는 특산식물로 한라산부터 덕유산까지 아고산 지대에 분포하고 있다. 기후 변화로 고사목이 늘어나고 있다.

1917년 Wilson이 제주 한라산을 방문하여 구상나무를 발견하고 학계에 보고하였다. 한국인으로 추정되는 동행인은 사진 속 구상나무의 크기를 짐작할 수 있도록 나무 옆에 세워놓고 찍었다. (출처: Archives of the Arnold Arboretum)

합다리나무가 나에게 말한다.

"고민이 있니?"

문득 물어오는 합다리나무의 질문에 대해 머릿속으로 갑자기 많은 생각이 떠오른다. 혼자 생각해 보았다.

"내 고민이 무엇이었지?"

합다리나무는 내 머릿속을 들여다보고 있는 것처럼 그의 생각을 들려준다.

"너의 고민은 얼핏 많은 것처럼 생각될 수 있어. 마음의 정리가 잘 안되서 이렇게 산행을 했고, 나를 만난거지. 그러나 생각을 잘 정리해 보면 너를 괴롭히는 고민은 그리 많지 않고 한 두가지일거야. 지금 겪고 있는 고민도 내가 금방 없애 줄 수 있어. 내 잔가지를 네 손톱으로 거꾸로 해서 찔러 넣어봐. 손톱 밑으로 가시가 박힐 거야. 그럼 네 고민은 손톱 밑 가시로 집중되지. 그것으로 인해서 너는 아무 일도 하지 못할거야. 뭔가를 하려고 해도 계속 손톱 밑 가시가 신경이 쓰이지. 그렇지만 그것이 제거되면 큰 고민이 사라지게 돼. 그러니 너는 나와 대화가 끝나면 계속 산행을 해. 가면서 갖가지 나무와 꽃, 잎 그리고 열매들도 들여다 보면서 호기심을 가져봐. 머릿속도 정리해 봐. 그 중 가장 큰 고민을 떠올리고 그 고민을 해결하려고 노력해 봐. 한꺼번에 밀려오는 많은 고민을 해결할 수 는 없어. 그렇지만 하나 하나의 고민은 해결하기 쉽겠지! 하나잖아."

나는 유쾌하게 대답한다.

"합다리나무, 너를 기억할게. 너의 의견은 합당하고 합리적인 것 같아! 그래서 합다리나무인가?"

합다리나무는 높이가 10미터 이상 크게 자라는 큰키나무이고, 동북아시아 지역에 분포하는 낙엽 지는 넓은잎나무이다. 큰키나무의 줄기는 매끈하다. 잎은 복엽이며, 우리나라에서는 주로 남쪽 지방과 해안가 쪽에서 자란다. 친척으로 나도밤나무가 있다. 봄에는 새순을 먹기도 한다. 일반 사람이 산에서 합다리나무를 구별해 내기란 쉽지 않다. 마침 나무가 이름표를 달고 있으면 제일 좋고, 그렇지 않으면 합다리나무가 있다고 알려진 곳으로 자주 찾아가서 합다리나무를 찾아보라. 도감을 가지고 갈 수 있으면 좋고 요즘은 잎 사진을 찍어서 검색해 보는 것도 방법이다. 합다리나무를 찾으려면 자주 산행을 해야 하고 기어코 나무를 찾아내는 사이 내 육체와 마음이 건강해질 것이다. 그리고 어느새 합다리나무를 사랑하게 될 것이다.

합다리나무의 복엽(부산대학교 학술림). 합다리나무는 남부지방에 생육하는데 수피가 매끈하고 높이는 10미터 이상 자란다. 잎은 나물로 먹었다.

5.

구상나무가 내민 치유의 손길

구상나무가 위험하다. 구상나무가 살기 위해서는 구상
나무가 원하는 적당한 온도와 습도가 필요한데 이를 충
족시켜주는 지역이 한라산부터 덕유산까지 분포하고 있
는 아고산 지대이어서 구상나무는 이곳에서만 가까스
로 생육하고 있었다. 하지만 기후 위기의 여파로 고사목
이 늘어나면서 개체수가 줄어들고 있다. 학자들은 겨울
철 적설량이 줄어들고, 초봄 건조한 기후가 구상나무 생
육에 치명적 영향을 미쳤다고 보고 있다. 구상나무는 전
세계적으로 우리나라에만 분포하고 있는데 우리나라에
서 더 이상 살 수 없다면 구상나무는 멸종하는 것이다.
어떻게 하면 구상나무를 지킬 수 있을까?

생물들의 서식지를 보전하는 방법은 생물들이 사는 곳
을 보호하는 서식지내(內) 보전(in situ)과 생물들을 안전한
곳으로 옮겨서 보호하는 서식지외(外) 보전(ex situ) 2가지가

있다. 서식지내 보전은 서식지(자생지) 그 자체로써 생물을 보호하는 것으로 보호지역(protected area)이 이에 해당한다. 우리가 익히 아는 유명한 국립공원, 백두대간보호지역, 생태경관보호지역 등이 보호지역이며 서식지내 보전을 하는 곳이다. 보호지역이란 보호해야 할 대상을 경계를 정해 놓고 지키는 구역을 말한다.

서식지외 보전은 생물이 서식지(자생지)에서 번성을 제대로 할 수 없어 멸종 위기 상황에 놓이면 이를 돌보고 관리할 수 있는 전문가가 있는 곳으로 옮겨 보호하는 것이다. 식물원, 동물원, 수족관 등이 이에 해당한다. 생물의 서식지 보전의 2가지 방법은 생물 그 자체를 보전하는 의미도 있으며, 근본적으로는 유전 자원의 다양성을 보호하는 목적을 가지고 있다.

국가에서는 서식 지내 보전 방법으로 보호지역을 지정하고, 서식지외 보전을 위해 '서식지외 보전기관'을 지원하고 있다. 우리가 모처럼의 산행 장소로 인근 국립공원을 찾았다면 그곳은 다양한 생물들의 안심하고 살 수 있도록 한 그들의 집(서식처)인 것이다. 주말에 여가를 즐기기 위해서 찾았던 수목(식물)원, 동물원 그리고 테마공원도 더 이상 제 살던 곳에서는 알 수 없어 이사한 안전 가옥이다. 그래서 수목(식물)원이나 동물원 중 서식지외 보전기관으로 지원을 받고있는 곳은 그들이 책임지고 지키고 있는 생물들이 있으니 그들의 안위를 살펴보는 것도 의미가 있겠다. 같은 하늘 아래에서 더불어 살아가는 생물이 터전을 잃고 사라진다면 슬픈 일인 것이고 장기적으로는 우리의 삶도 보장할 수 없는 것이다.

국민소득이 올라가면서 사람들의 여가 활동이 늘어났다. 저마다 레크레이션이나 취미활동을 하는 것이 삶의 질을 높인다는 측면에서 매우 중요해졌다. 사회적으로 사람들의 여가 활동 요구에 부흥하기 위해 각종 레저 인프라를 확충하는 것이 중요해졌는데, 대도시처럼 자연을 접하기 힘든 상황에서 공원, 정원은 자연에 대한 대리만족을 충족 시켜준다. 공원이나 정원과 더불어 최근에 각광 받고 있는 곳이 수목원, 식물원, 동물원이다.

식물원(botanical garden)은 다양한 식물을 수집, 증식, 보존, 그리고 전시하는 곳이다. 식물원의 주요 목적은 교육과 연구이며 온실, 시험장, 초본원, 목본원 등 각종 전시 공간을 갖추고 있어야 한다. 교육, 연구, 관리를 위한 전문 연구 및 관리인이 있어야 하고, 식물원 기관의 성격에 따라 독립적으로 존재하거나 대학, 국가기관 등 연구 기관 산하에서 운영되기도 한다. 운영 주체에 따라서는 국립, 사립, 공립 식물원이 있다.

수목원(arboretum)은 용어의 의미를 엄밀하게 적용하면 식물 중 목본을 위주로 수집, 증식, 보존 그리고 전시하는 곳이다. 용어상으로 식물이 포괄적으로 수목을 포함하는데, 식물원이나 수목원이 출발할 때 어떤 것을 주 기능으로 하였는가에 달라질 뿐 현대에는 큰 차이가 없다고 봐도 무방하다. 동물원(zoological garden)도 식물원, 수목원처럼 대상이 동물일 뿐 주요 기능 및 역할은 같다고 할 것이다. 우리나라에서는 창경궁식물원, 남산식물원 등 주로 온실이 있는 곳이 식물원으로, 수목원은 야외에 나무가 전시된 곳으로 인식되었다고 한다.

일반사람들이 마주하게 되는 수목원(식물원)이나 동물원은 주로 전시 기능을 한다. 동물원은 각종 분류군별로 희귀 동물들을 관람하고 체험하며, 수목원(식물원)은 주제별 전시와 더불어 최근에는 미적 가치를 증진 시킨 정원을 보여주고 있다. 그러나 수목원(식물원) 및 동물원의 주요 목적 중 하나는 연구이고 특히, 희귀 동식물의 보존에 기여하고 있다.

홍릉수목원의 문배나무(Pyrus ussuriensis var. seoulensis) 기준표본목.

구상나무를 현장에서 살리는 노력이 다각도로 실시되고 있다. 그렇지만 기후변화의 속도가 빠르다면 구상나무는 현지에서 적응하는데 충분한 시간을 가질 수 없을 것이다. 우리가 기꺼이 할 수 있는 일은 기후 변화의 속도를 늦추는 것일 것이다. 한편, 이미 많은 구상나무의 품종들이 우리 곁에 와 있다. 비록 원종은 아니지만 구상나무가 비극적 최후를 맞는다면 우리는 변화된 품종들을 보면서 구상나무를 추억할지 모르겠다. 지금도 과학자들의 노력은 계속되고 있다.

구상나무는 이렇게 말하고 있는지 모르겠다.

"요즘 내 삶이 힘겹다. 엊그제 내 옆에 있던 다른 구상나무도 생을 마쳤지. 그나마 나는 관심을 가져주는 사람들이 있어서 버텨내고 있다. 내 씨앗을 가져가서 잘 보관하고 있다고도 했고, 내 2세들도 좀 떨어진 곳에서 환경에 적응 훈련을 하며 크고 있다고 해. 조금 위안이 된다. 내 운명은 정해진 것 같아. 그렇지만 너희들의 관심이 계속된다면 나는 힘을 얻고 지금과는 다른 모습으로 계속 살아갈 수 있을 것 같아. 포기하지만 말아줘."

6.

계급 따위 없는 숲의 평등함

갑질 논란이 종종 있다. 위계(位階)로 힘을 가진 사람이 없는 사람을 짓누르는 행위를 갑질이라고 부른다. 일반적 인식으로 갑질은 계급의 차이에서 비롯되었다고 생각한다. 숲을 거닐다 보면 복잡한 숲에 일정한 구조가 있음을 알게 된다. 키가 가장 큰 교목, 그리고 교목 아래 자리잡은 아교목 혹은 소교목. 그리고 지표면 가까이에 있는 관목이 있다. '이것도 계급일까'하는 의문이 든다.

가우스(Gause)는 1932년에 같은 생태적 지위(ecological niche)를 갖는 두 종은 서로 공존할 수 없다는 이론을 정립하였다. 생태적 지위란 서식지에서 생물의 지위를 나타내는 것으로 물리적 환경, 환경적 요인 그리고 종 간의 상호작용 예를 들면 포식, 피식 등을 포함한다. 쉽게 말하면, 생물이 살아가는데 필요한 필수적인 그리고 최적인 자원을 가진 환경을 지위(niche)라고 한다. 따라서 생태적 지위가 제한된 상황에서 그 지위를 필요로 하는 두 종은 공존이 불가하다는 뜻이다. 이를 경쟁배제원리(Competitive Exclusion Principle, CEP) 혹은 가우스의 법칙(Gause's law)이라고 한다. 하루 종일 산행을 해서 기진맥진한 두 사람 앞에 오직 한 사람만 앉을 수 있는 의자가 있다면 그리고 두 사람은 서로 양보할 의사가 없다면 한 사람은 배제된다는 뜻이다. 이는 두 종이 동일한 자원을 필요로 할 때, 한 종이 결국 다른 종을 배제하고 자원을 독점하게 된다는 의미와 같다.

생물은 환경과 관계 속에서 명멸하며 살아간다. 그 과정에서 생물간 다양한 상호작용이 생기는데 그 중 경쟁은 먹이, 활동 공간, 기타 환경요인 등 자원을 공통적으로 요구할 때 필연적으로 발생한다. 그래서 비슷한 생활 공간과 생활양식을 갖는 두 종은 결코 같은 장소에서 살지 않는다. 살지 못한다. 즉, 어느 한 종이 생태적 지위를 달리하지 않으면 공존이 안된다는 것이다. 너무 당연한 이야기인가?

경쟁배제원리는 가우스 이전에도 자연학자나 이론가들 사이에 언급이 되던 개념이었다. 가우스는 실험실에서 짚신벌레를 이용한 실험을 통해 이를 실증하였다. 이후 '가우스의 법칙' 등으로 불리다가 1960년 하딘(Hardin)에 의해서 '경쟁배제원리(CEP)'로 불리게 되었다. 경쟁배제원리는 여러 가지 논란이 계속되었지만, 생태학 분야에서 여전히 다양성을 설명하는 강력한 이론이다. 결과론적이겠지만 우리가 보는 현재의 자연은 경쟁과 공존의 결과이기 때문에 공존할 수 없는 것들이 배제되고 공존할 수 있는 것들이 남아 다양한 생물이 존재하게 되었다. 그래서 만약 서로 다른 두 종이 같은 자원을 놓고 공존하고 있다면, 이들은 생태적 지위가 같아 보여도 실은 서로 다른 생태적 지위(niche)를 가지고 있는 것을 뜻하며 그래서 공존이 가능하다. 이들의 생태적 지위가 어떻게 달라서 공존이 가능한지를 밝히는 것이 학자들에게는 흥밋거리가 된다.

우리 앞에 있는 숲도 경쟁배제원리가 작용한 결과로 층위가 형성된 것이다. 이를 층위형성이라고 하는데, 층위형성이란 한정된 공간에 생태적 지위를 달리하는 많은 개체군을 수용할 수 있도록 자연도태가 작용한 결과이다. 그래서 숲에서 흔히 볼 수 있는 대표적인 것이 숲의 층위구조이다. 숲에 관심이 없으면 모르지만 조금만 관심을 갖고 보면 숲은 큰나무와 작은나무들이 어우러져 있다. 식물에게 있어 가장 중요한 것은 광합성이다. 광합성을 하기 위해서는 필수불가결하게 빛이 필요하다. 그래서 식물은 빛을 선점하기 필사적이다. 주변의 다른 경쟁자를 이기기 위해서는 다른 식물에 비해 높게 키를 키워야 한다. 물론 뿌리가 뻗어나가고 들어갈 수 있는 토심이나 큰키나무가 바람의 압력을 견뎌야 하는 등 주어진 환경조건을 고려해서 적당한 높이를 유지하는 것은 공통 적으로 적용되는 조건이다. 모든 나무가 빛이 바로 닿는 상부를 점유하기 위해서 높이 경쟁만을 하고 그래야만 살아남을 수 있다면 오로지 한 개의 층위만 존재할 것이다. 그런데 여건상 정면 대결 양상의 경쟁을 할 수 없다면, 높이 경쟁을 포기하고 키는 덜 크더라도 큰키나무 아래에서 살아남는 방법을 강구 해야 한다. 즉, 큰키나무 사이로 들어오는 빛으로도 만족할 수 있다면 그 나무는 편안하게 큰 키 나무 아래에서도 살 수 있게 된다. 그러면 단위 면적에 2개의 층위가 생길 수 있다. 같은 방식으로 아예 지상부에서 큰 키가 아니라 옆으로 퍼지는 덤불로 자라는 것 그리고 초본층까지 분화되면서 숲은 단위 면적에 4개 층위까지 발전하였다. 그래서 우리나라 숲은 교목층, 아교목층, 관목층 그리고 지피층의 4개 층위를 가지고 있다. 한정된 공간에서 생태적 지위를 달리하여 보다 많은 개체군이 수용되는 효과를 가져오도록 자연도태가 작용한 결과이다.

밀양 함화산 숲의 층위구조. 숲을 들여다 보면 큰키나무가 상층부를 점유하고 있고 당단 풍나무가 중간층위 그리고 관목이 가장 아래층위를 이루고 있다.

    이러한 층위가 우리 사람들에게는 계급으로 보여질 수 있겠다. 생태계에서 모든 개체는 평등하다. 각 개체는 주어진 환경에서 적응하거나 환경을 변화시키면서 살아남으려고 애쓴다. 생태계의 입장에서 보면 생태계를 구성하는 모든 생물 개체들이 각자의 자리에서 저마다의 역할을 하면 생태계는 건강하게 잘 유지되는 것이다. 우리 사회도 마찬가지이다. 우리 사회가 유지되기 위해서는 정신적 노동 육체적 노동 등 다양한 일들이 있이 필요하며, 이 일을 처리하는 사람들마다 저마다의 역할이 있는 것이다. 사람들이 주어진 역할을 잘 수행해 나가면 사회는 건전하게 유지될 수 있다. 힘든 일을 하는 사람들이고 멸시하며 자존감을 무너뜨린다면 그 일을 할 사람을 잃게 된다. 사회가 유지되는 위해서는 또 누군가 그 자리를 채워야 하는데, 힘든 일을 하는 사람들을 깔보던 누군가가 그 자리를 맡아야 할 수 밖에 없다. 따라서 사회가 유지되기 위해서는 필요한 자리에서 일하는 사람들을 존중해 줄 필요가 있다는 뜻이다. 숲의 큰키나무가 작은 나무들을 깔보지 않듯이.

한편, 층위형성은 시공간에 걸쳐 입체적으로 생길 수 있다. 즉, 공간만이 아니라 시간도 층위형성이 가능하다. 숲속에 있는 초본식물의 입장에서 위로 3개 층위가 형성되어 있다면 빛을 보기 힘들어 광합성을 하는데 매우 어려움을 겪을 것이다. 그래서 초본식물은 큰키나무들이 잎을 내어 위로부터 쏟아지는 빛을 차단하기 이전인 이른 봄철에 개화하고 결실을 맺는 전략을 취했다. 그래서 야생화를 관찰하려면 많은 식물들이 꽃을 피우는 봄철이 제격이다. 농사를 짓는 사람들이 이모작, 삼모작을 하는 것도 땅은 유한한데 이를 시간으로 쪼개서 쓰는 것도 시간적 측면에서의 층위형성이라고 할 수 있겠다.

생태적 지위를 달리하는 현상은 우리 사회에서도 많은 예로 적용될 수 있다. 대표적인 것이 요즘 많이 부각되고 있는 공유경제(共有經濟)를 들 수 있다. 전 국민이 휴대전화를 가지고 사는 이 시대에 누구나 공유경제는 한번쯤 경험해 봤을 것이다. 공유경제란 재화를 소유가 아닌 대여, 차용의 개념으로 전환한 것으로 물건, 공간, 서비스 등을 인터넷과 휴대전화 기반으로 빌려 쓰거나 나눠 쓰는 사회적 경제 모델이다. 공유숙박, 공유차량, 공유오피스 등 범위가 광범위하다. 사례로는 에어비앤비(AirBnB), 우버(Uber), 쏘카(socar), 자전거 따릉이 등 수많은 서비스가 시행되고 있다. 이러한 것이 가능한 이유는 휴대전화 보급과 사업자의 플랫폼 제공이 핵심이지만 근본 개념은 개인이 소유하고 있기만 하면 불용되는 시간을 나누는 것 그리고 잠재적인 경쟁 상태를 극복하는 것이다. 즉, 정교하게 생태적 지위를 달리하는 것으로 해석하면 된다.

아침 출근 시간인 8시부터 9시 사이를 러시아워라고 한다. 많은 직장이 업무를 9시부터 시작하기 때문에 출근 시간에 맞춰 직장에 가려고 많은 사람들이 한꺼번에 몰리는 것이다. 이 시간대에 출근하는 사람들은 만원 버스, 만원 지하철, 교통체증은 늘 겪는 일이고 각오가 되어 있어다. 지옥이라고 표현되는 이 시간을 벗어날 수 는 없을까? 그래서 사람들은 생각하고 행동에 옮긴다. 일부 사람들은 출근 혼잡시간을 피하기 위해 남들보다 일찍 직장에 출근한다. 아예 직장에서 탄력근무제를 운영해 직원들의 러시아워 혼잡 스트레스를 풀어주기도 한다. 이와 같은 사례도 우리가 생활에서 직접 겪는 생태적 지위 분화라고 할 수 있다. 이 모든 것이 가능한 이유는 정보의 힘이다.

　층위 형성이 이뤄낸 결과는 높은 효율성을 의미하는 것이기도 하다. 사회가 수평적으로만 작동한다면 의사결정이 쉽지 않다. 대표적인 예로, 군대는 계급이 철저하게 발달한 조직이다.적을 제 때에 제압하지 못하면 그것은 곧 패배이고 죽음이다. 전쟁에서 이기기 위해서는 승리를 위한 의사결정 체계가 신속해야 한다. 계급은 그런 역할을 하는 것이다. 일반 직장, 공무원 사회도 마찬가지이다. 직급이 나눠지고 각 직급에서의 역할이 업무 분장으로 구별된다면, 의사결정의 난이도가 직급에 따라 나눠지게 된다. 그래야 그렇지 않은 조직에 비해 효율적이기 때문이다. 이는 개인이든 조직이든 생존의 문제이기도 하다. 층위 형성이든 계급이든 효율성의 측면에서 판단하라. 고위직의 의사결정 무게가 무거운 것은 다르게 보상받도록 하고 제 역할을 잘 수행해야 조직이 살아남는다.

7.

살아 있는 역사서, 오래된 나무들

요즘 세상이 너무나 빨리 변하고 있다. 상투적인 얘기일수도 있겠으나 지금 생활을 돌아다 보아라. 누구나 휴대전화는 필수로 가지고 다녀야 하는 세상이며, 일상생활에서 알게 모르게 로봇의 도움을 받고 있다. 인공지능이 인간을 넘어서는 특이점(singularity)를 걱정하는 세상이다. 불과 몇 년전만 해도 삐삐(무선호출기)를 만지면서도 문명의 이기라고 놀라며 '메시지를 숫자로 어떻게 전할까'하는 고민을 하던 때가 아득한 과거로 느껴진다. 영화나 드라마에서 카폰으로 묵직한 전화기를 들어 통화하는 장면은 또어떠하랴. 그러면서 숲을 보며 드는 생각이 있다. 세상의 문명은 하루가 다르게 변화하고 있는데, 내가 찾은 이 숲은 어떤 속도로 변화하고 있는 것일까? 분명 하루가 다르게 계절이 다르게 자연환경은 변하고 있는데, 10년 전 숲의 모습이 잘 떠오르지 않고, 100년 전 숲은 어떤 모습이었을까? 상전벽해(桑田碧海, 뽕나무밭이 푸른 바다로 변했다는 의미로 세상이

완전히 바뀐 것을 의미한다)라는 말이 있기도 하지만.

1900년대 즈음하여 근대 문물이 우리나라에 들어오면서 과거를 유추해 볼 수 있는 기회가 생겼다. 그 당시 자료를 가끔 볼 때마다 느끼는 것은 나 자신이 자꾸 지금과 비교를 하려고 한다는 것이다. 당시 자료는 주로 구한말의 풍경이나 당시 사람들의 생활상을 찍은 사진인데, 필자는 인물이나 시설물도 보지만 주로 뒷배경을 살펴본다. 멀리 산이 보이는데 나무가 있는 것도 같고, 없는 것도 같고 애매한 광경이 많다. 일제가 우리나라를 강점해 오면서 제일 처음으로 만든 법이 삼림법(1908)이라고 언급한 바 있다. 우리나라 자원을 수탈 하기 위해서였다. 자원을 수탈하기 위해서는 어디에 어떤 것이 있는지를 알아야 한다.

삼림법에 뒤이은 조치인지, 1910년 임적조사(林積調査)가 시작되었다. 그 결과 조선임야분포도(朝鮮林野分布圖)가 제작되었다. 조선임야분포도는 1:500,000 축척 지도로, 도별 산림상태, 임상 면적과 소유별 임야 면적을 담고 있는 컬러 종이 지도이다. 조선임야분포도는 일본 산림기사인 사이토 오토사쿠(齋藤音作)가 제작하였는데, 조사 목적은 '전국의 관민유 임야의 배치 및 임상의 개요를 파악(임

^{적조사내규 제1조)}한다는 것이었다. 28명이 5개월만에 만들어 낸 지도임을 감안하면 결과가 놀랍다. 이 지도는 우리나라 산림 상황을 크게 성림지, 치수발생지, 무립목지로 구분해 두었는데, 숲이 양호한 성림지는 남한 지역에는 일부에만 남아 있고, 대부분 북한지역에 몰려있다. 남한 지역은 대부분 치수발생지와 무립목지이다. 이로써 유추할 수 있는 것은 당시 백성들이 산림에 엄청나게 의존했다는 것이다. 당시에 성림지로 남아 있는 곳은 지금의 국립공원, 사찰림이다. 당시부터 산림이 양호하게 남아 있어서 국립공원으로 지정되었을 터이고, 사찰림의 경우 사찰 자체적으로 산감을 두어 산을 지켜온 내력이 반영된 것이다.

1892년에서 1894년 사이에 촬영된 경복궁 서문인 영추문과 1930년에 발간된 조선고적도보에 실린 경복궁 정문을 보면 배경으로 보이는 산에 숲이 황폐한 것을 알 수 있다. 대부분 숲이 있던 자리에 어린나무가 자라기 시작하고 있거나 무립목지이다. 석탄과 석유가 본격적으로 보급되면서 산에서 나무를 베지 않음에 따라 오늘과 같은 울창한 숲이 만들어진 것이다. 혹시 동네 산에 있는 나무가 몇 살 정도 되었는지 궁금하다면, 대략적으로 조선임야분포도를 살펴본 후, 그리고 우리나라 석탄 및 석유 연료 보급 시기와 지역에 있었던 산림 훼손 사건 등을

고려하면 알 수 있다. 즉, 황폐했던 산림이 1960년대 이후로 그대로 사람들의 간섭이 없이 숲이 발달했다면 지금 약 60~70년에 이르렀을 것이다. 그렇지만 지금 보고 있는 나무가 그 정도 임령을 가지고 있다고 섣불리 판단하지는 마시라. 왜냐하면 나무들도 서로 경쟁하면서 살아남은 것들이 지금 우리 눈앞에 있기 때문이다.

1892~1894년 사이에 촬영된 경복궁 영추문. 영추문 뒤로 보이는 산에는 큰키나무가 없고 어린나무가 자라고 있다(출처: History of Korea @facebook).

경복궁 광화문. 광화문 뒤로 나무가 부분적으로 자라는 북악산이 보인다(출처: 조선고적
도보, 1930).

조선임야분포도(1910년 제작)

과거의 기록이 남아 있는 나무는 현재와 비교하면서 변화를 살펴볼 수 있는 좋은 기회이다. 동궐도는 1826년에서 1830년 사이에 도화서 화원들이 그린 그림이다. 보기에는 지도로 보일 수 있으나 화원들이 그렸으므로 그림이다. 당시 화원들은 드론이나 헬리콥터가 있어서 내려다 본 것도 아닌데, 새가 하늘에서 내려다보듯 궁궐과 전각 그리고 궁궐 안에 있는 나무들을 매우 정밀하게 그렸다. 나무의 경우 나무의 모양을 정밀하게 묘사하여 그림상에서도 무슨 나무인지 알 수 있을 정도이다. 그래서 창덕궁을 답사 간다면 동궐도 이미지를 휴대전화에 내려받아 가기를 권한다. 그러면 궁궐을 답사하면서 동궐도를 그릴 당시에 있었던 나무가 지금도 그대로 있는지 확인하는 재미가 있다. 궁궐 내에서 만나는 제법 오래된 나무들은 어김없이 동궐도에 그대로 나타나 있다. 나무는 살아있는 생명체이다. 생명체는 수명이 다하면 분해되어 사라지므로 흔적으로 남는 데는 한계가 있다. 그런데 이렇게 기록으로 남아 있는 것들은 명확한 역사적 사실이며, 더군다나 지금까지 남아 있어 마주할 수 있다면 역사적 사실을 이해하는데 큰 도움이 될 것이다.

동궐도. 조선 후기 순조 연간에 도화서 화원들이 동궐인 창덕궁과 창경궁의 전각과 궁궐 전경을 조감도식으로 그린 궁궐 그림(출처: 국가문화유산포털).

동궐도에 그려진 존덕정 뒤편의 은행나무. 이 나무는 동궐도에 그려진 그 자리에 현재 그대로 남아 있다.

창덕궁 후원 존덕정에 있는 은행나무(Ginkgo biloba)를 만나보자. 은행나무는 말한다.

"내 나이는 약 300살 정도 되었다. 내 원래 고향은 중국이지. 나는 너희들과 오랫동안 같이 있었지만, 사실 누군가 심어서 이 자리에 있게 된 것이지. 지금 대한민국에 살아 있는 은행나무로 가장 오래된 것은 경기도 양평에 있는 용문사 은행나무(천연기념물 제30호)야. 나이는 1,100-1,500살로 본다. 아주 오래전에 이곳으로 건너왔다는 증거이기도 하지. 그래서 나를 향토수종이라고 부르기도 해. 뭐 자생수종이 아닌 것은 맞지. 가장 나이가 많은 은행나무는 믿기 힘들겠지만 3,500살짜리가 있다고 해. 내 조상은 지구에서 3억 5천 년 전부터 있었다고 해. 지금도 화석으로 발견되고는 하지. 그래서인가 나를 살아있는 화석이라고 부르지. 나는 암수가 구별되어 있어. 나는 암나무일까? 숫나무일까? 궁금하지? 가을에 와서 열매를 확인해 봐. 내가 열매를 달고 있다면 암나무겠지. 열매의 모양은 살구 같은데 색깔은 은빛이라서 이름이 은행(銀杏)이지. 나는 길거리에서 가로수로, 공원의 공원수로 만날 수 있어. 산에서 볼 수는 없지. 그렇지만 많은 사람들이 나를 좋아하고, 나도 장수하는 편이라 여기서는 극진한 대접을 받지. 천연기념물로 지정된 친구들이 많아. 나는 물론이고 내 친구들도 넉살이 좋은지 전 세계 어디를 가든 잘 살아. 전 세계 주요 식물원에는 항상 내 친구들이 있지. 영국 큐(Kew) 식물원에는 1762년 심어진 은행나무가 있지. 아직까지 잘 살고 있어. 사람들은 가을에 노랗게 물든 잎은 좋아하지만 도시에서는 냄새나는 열매를 싫어하지. 좀 참아주면 안될까? 냄새난다고 암나무 심기를 꺼려하지. 사람들은 성차별에는 발끈하면서 우리에게는 왜 그리 편협한지! 같은 잣대를 가져다 대어야 공정한 거 아닌가?"

영국 왕립식물원 큐가든에 있는 은행나무 1762년에 식재되어 지금에 이르고 있다.

8.

숲은 살아 움직인다

오늘도 어김없이 해가 뜨고 하루가 시작되었으며 만물이 생기 있게 움직인다. 움직임은 빅뱅으로 우주가 탄생한 이후로 끊어진 적이 없다. 우주의 모든 것이 어딘지 모를 지향점을 향해 끊임없이 움직인다. 우주의 작은 먼지 같은 지구에서도 움직임은 계속 일어나고 있다. 가만히 있는 것 같아도 실제로는 움직인다. 움직임은 변화를 가져온다.

숲, 학술적으로 군집, 생태계는 지속적으로 변화한다. 사실 세상 모든 것이 변화한다. 변화 그 자체를 생태학에서는 '천이(遷移, succession)'라고 한다. 끊임없이 변화하므로 특정 대상지에 한정하여 변화의 시작을 찾는데, 그 시작점을 교란(disturbance)으로 본다. 교란이란 산불, 태풍, 홍수, 인위적 간섭 등 생태계에 긍정적이든 부정적이든 영향을 주는 것을 통칭하는데 어떤 사건의 발생 측면에서 이해하면 되겠다. 교란에 의해 발생할 수 있는 결과는 아무것도 없는 나지일 수도 있고, 앞서 있던 어떤 것이 사라진 후의 흔적이 될 수도 있다. 천이가 식물생태학에서 시작되었으므로 나지와 산불로 타버린 숲 등이 주로 예시로 소개되었다. 그곳에서 천이가 다시 시작되며, 생물의 종류와 수 그리고 생체량(biomass)이 변해가게 된다. 생체량이란 태양 복사에너지를 받아 광합성 및 그 연쇄작용으로 만들어지는 유기물 즉, 식물과 동물, 미생물 등을 총칭하는 용어이다. 그 과정에서 천이는 느리지만 종의 유입과 퇴출의 변화를 충분히 알 수 있다. 생태학에서 변화를 부르는 또다른 용어로 동태(dynamic)라고 한다. 일반적으로 천이는 시간이 지남에 따라 종수와 생체량(biomass)이 증가하는 방향(progressive)으로 나아가나, 일부에서는 천이가 후퇴하는 퇴행천이(retrogressive succession)가 발생하기도 한다.

많은 사람들이 생태적 변화를 인지하고 있었지만, 이를 체계적으로 설명하는 용어는 1916년에 클레멘츠(Clements)에 의해 제시되었다. 클레멘츠(Clements)는 천이가 방향성이 있고, 예측가능하며, 선구식물이 나지에 유입되면서 발전하여 극상에 이른다고 하였다. 단계별로 종이 유입되는데 먼저 유입된 종은 환경을 변화시켜 자신들에게는 불리하지만 다음 단계의 유입되는 종은 번성하기 유리하도록 했다는 것이 요지이다. 20세기에 가장 많이 회자 되던 이론 중 하나인데 결정론적이라는 지적도 있고, 현대 생태학자들은 클레멘츠의 이론 즉, 한 방향으로만 진행되고 끝점(end point)이 있다는 것에 동의하지 않는다. 클레멘트에 앞서 코울스(Cowles)는 천이를 설명하면서 '변수는 상수가 아닌 변수를 향해 접근한다(a variable approaching a variable rather than a constant'라고 하였다. 천이는 하나의 방향으로 나아가지 않으며, 정의된 종점을 향해 가지 않고, 어떤 때는 퇴행하는 복잡한 동적 과정이라고 하였다. 코울스의 주장은 현대 생태학자들이 동조하는 측면이 있다.

부족한 지식이지만 물리학계에서 이것과 유사한 상황을 옮겨보자. 기존 뉴턴의 물리학에서는 거시적 측면에서 계산에 의해 모든 물리적 현상이 설명된다고 보았다. 이런 패러다임은 운명론적 사고로 이어졌다. 뉴턴 물리학에 따르면 지금 우리의 행동도 다 예정 되어 있는 것이다. 계산이 가능하니까. 클레멘츠의 천이 이론도 이와 유사한 측면이 있다. 그렇지만 양자역학이 등장한 이후로 운명론은 불확실성으로 바뀌었다. 코울스의 천이 이론과 유사하다. 물리학 이론은 시간적인 흐름이 있지만 천이 이론은 거의 동시대에 나왔고, 지금도 다양한 이론이 계속 연구되고 있다.

조금 자세하게 설명하자면, 세상 만물이 변화하는데 클레멘츠는 이 변화가 어떤 목표를 향해 나아가고 있으며 예측 가능하다는 것이다. 마치 운명론적으로 말이다. 반면 코울스는 세상 만물이 변화하기는 하는데, 어떤 목표를 향해 가는지 알 수 없다고 주장한 것이다. 누구의 주장이 옳을까? 이를 위해서 지금도 많은 생태학자들이 연구를 하고 있다. 아쉽게도 상황에 따라 어떤 때는 클레멘트, 어떤 때는 코울스의 주장이 설득력을 얻는다.

숲을 대상으로 천이를 설명해 보자. 우리 주변에 있던 논이나 밭에서 농사를 짓다가 그만 두게 된 곳을 종종 볼 수 있다. 묵논, 묵밭이라고 부른다. 그런 곳을 그대로 방치하면 논, 밭이 그대로 있는 것이 아니라 농사를 멈춘 다음부터 심지도 않은 온갖 종류의 풀들이 들어 차는 것을 볼 수 있다. 아니면 다른 어떤 이유로 맨땅이 노출되었다 해도 마찬가지이다. 혹은 숲이 있었던 곳이 화재가 나서 아무것도 남지 않은 곳도 해당한다. 이 시점을 교란 (disturbance)이라고 부른다. 이런 곳들은 어떤 생물들에게는 기회의 공간이 될 수 있다. 빈 땅을 차지할 수 있는 식물들의 주요 특징은 수명이 짧고, 개체수가 많으며, 종자가 작고, 그리고 널리 퍼질 수 있어야 한다. 예를 들면, 우리 주변에서 흔히 볼 수 있는 민들레, 질경이, 망초, 개망초 등 일년생 초본류가 이에 해당한다. 우리 주변에서 이런 류의 초본을 흔히 볼 수 있다는 얘기는 우리 주변이 자연 생태계의 입장에서 보면 교란된 지역이라는 뜻이기도 하다. 그리고 이런 유형의 식물들을 선구식물이고 부른다. 늦은 봄 민들레 홀씨가 탐스럽게 달린 것을 보면 누구나 줄기를 꺾어 홀씨를 불어 날릴 것이다. 어떻게 보면 우리가 민들레의 번식 전략에 이용된 것이다. 민들레는 똑똑하다. 맨땅을 차지한 식물들은 그곳에서 발아하여 뿌리를 내리고 줄기를 올리고 꽃을 피우고 열매를 맺어 또다시 빈 공간을 향해 널리 종자를 퍼트린다. 짧은 기간이지만 민들레는 땅속에 있는 영양물질을 땅 위로 끌어올렸다. 시간이 지날수록 땅 위에는 점점 유기물(biomass)이 쌓이고 썩어가면서 점차 비옥해진다. 어느 정도 시간이 흘러 처음의 맨땅과는 다른 환경조건이 갖춰지면 이는 경쟁력 있는 다른 생물들에게 기회로 여겨진다. 여기까지 오는데 만도 수년의 세월이 걸렸다.

밀양 위양지 부근의 묵밭. 밭농사를 중지하자 묵밭에 바랭이(Digitaria ciliaris)가 들어찼
다. 그대로 두면 계속 천이가 지속되어 식생이 변화할 것이다.

생태적 천이 과정에서 특정 식물 군락이 어떻게 변화
하고 발전하는지 살펴보면, 일년생 초화류가 있었던 곳
에 다년생 초본류가 들어오고 이들의 활동으로 인해 선
구적으로 들어온 식물들은 자리를 잃으며 구성원이 달
라진다. 또 시간이 흐르고 환경은 변화되고 이어서 키작
은 나무가 들어오고, 마침내 키가 크게 클 수 있는 나무
가 들어온다. 이 과정은 단계별로 이루어지며, 각 단계
에서 새로운 종들이 기존 종들을 대체하면서 천이는 진
행된다. 우리나라 육상부에서는 소나무가 대표적이다.
소나무는 큰 키 나무로 성장하며, 솔방울 비늘 사이사
이에 숨어 있는 씨앗은 길이가 불과 2-3mm로 작고 날개

를 달고 있어 널리 퍼질 수 있다. 소나무의 학명인 Pinus densiflora는 '꽃이 빽빽하게 많이 핀다'는 뜻으로 이는 봄철에 소나무 꽃가루가 널리 퍼지는 현상을 반영한다. 널리 퍼진 소나무 씨앗은 곳곳에 떨어져서 햇볕을 받으며 자라나 점차 소나무 숲을 만든다. 소나무는 햇빛을 정말 좋아해서 양수라고 불린다. 만약 맨땅이 아닌 습지라면 소나무 대신 버드나무, 오리나무 등이 자리를 잡을 것이다. 우리가 하천, 호수 등 습지 주변에서 누가 심지 않아도 버드나무나 오리나무 등이 자란 것을 보게 된다면 이들도 소나무와 같은 전략을 구사하고 있다는 것을 알 수 있다.

소나무 숲 주변에 소나무 종자가 떨어져 발아되어 어린 소나무가 자라고 있다. 어린 소나무는 서로간 경쟁하며 적당한 밀도를 유지하면서 자라 주변 소나무와 같은 숲의 일원이 될 것이다.

다시 소나무 숲으로 돌아가 보자. 소나무는 빛을 좋아하는 양수이고 어릴 적에는 빨리 자라므로 별다른 경쟁자 없이 한동안 그들만의 세력을 유지하며 아름다운 소나무 경관을 만들어 낸다. 여기까지만 봐도 처음 맨땅이었거나 버려진 농지였던 곳이 끊임없는 변화를 통해 소나무 숲으로 바뀐 것을 실감할 것이다. 그렇지만 변화는 계속된다. 소나무 숲은 다시 오랜 세월에 걸쳐 참나무류 수목이 주류인 숲으로 바뀐다. 도토리가 열리는 우리나라 낙엽성 참나무가 신갈나무, 떡갈나무, 졸참나무, 갈참나무, 굴참나무, 상수리나무로 여섯 종인데 이들이 우점종인 숲을 참나무류 숲이라고 해야 하나 여기서는 편의상 참나무숲으로 부르기로 하자. 소나무가 자리 잡은 숲에 어떤 경로이든 참나무류의 종자인 도토리가 유입된다. 다람쥐나 청서 같은 동물들이 도토리가 유입되는데 공헌을 했을 수도 있고, 강력한 태풍으로 씨앗이 날아들었을 수도 있다. 그렇게 유입된 도토리는 소나무 숲 사이에서 어느새 자라나 소나무들을 밀어내고 점차 세력을 확대해 나간다. 참나무류와 소나무의 경쟁은 정말 일방적이다. 소나무가 점차 고사하여 사라진다. 세월이 흐르면 어느새 소나무들은 사리지고 산 마루금이나 절벽 등에만 간신히 남아 있게 된다. 같은 자리에서 소나무 상록수림이 참나무 활엽수림으로 종이 치환(replacement)된 것이다. 그렇게 형성된 참나무 숲은 한동안 세력을 유지하겠으나 다시 변화를 겪으면서 서어나무, 까치박달 등이 우점(dominance)을 이루는 숲으로 변화해 간다.

이렇게 변해간 숲은 다른 나무들의 도전 없이 최고조에 이르게 된다. 이런 숲을 극상 숲(climax forest)이라고 부른다. 극상을 동적 평형점(a dynamic equilibrium point)이라고 하는데 상대적으로 역동적이나 평형상태이기 때문이다. 처음 맨땅이나 버려진 논, 밭에서 이렇게 울창한 숲이 되기까지 약 150~200년의 시간이 걸리는 것으로 보고 있다. 이런 추측은 긴 시간에 걸쳐 서서히 변화하는 것을 우리가 직관하기 쉽지 않기 때문이다. 여기서 변화가 멈춘 듯 하지만 세상은 여전히 변화하고 있다. 우리나라에 대표적인 극상림으로 알려진 곳은 국립수목이 위치한 광릉의 수리봉과 죽엽산 일대의 서어나무(Carpinus laxiflora) 군락이다. 일명 광릉숲으로 불리는 이곳은 일반인들의 접근이 제한되어 있다. 대신 수도권에서 서어나무군락을 보고 싶다면 서울시내에 위치한 삼육대학교 교내, 강화도 전등사 등지에서 볼 수 있다. 남부지방에서는 서어나무와 유사하지만 조금 틀린 개서어나무(Carpinus tschonoskii) 군락을 기장군 장안사 뒤편, 범어사, 금정산 등지에서 볼 수 있다.

부산 기장군 장안사의 개서어나무(Carpinus tschonoskii) 군락. 숲의 발달 단계에서 극상(極相)으로 분류할 수 있다. 중부지방에서는 서어나무(Carpinus laxiflora)가 극상 숲으로 분류되는데, 국립수목원이 있는 광릉숲에서 볼 수 있다.

    지금까지 소개한 변화는 주로 우리나라 온대중부기후대 육상부에서 일어나는 천이 양상이다. 다른 기후나 환경에서는 그곳 상황에 맞는 다른 변화의 양상이 나타난다. 우리나라는 국토가 남북으로 길게 늘어져 있어 북에서 남으로 한대, 온대, 난온대 기후대를 갖고 있으며, 온대기후대는 다시 세분되어 북부, 중부, 남부로 나뉜다. 이를 포함하면 우리나라는 크게 다섯 개의 기후대로 나뉜다. 숲의 변화에는 기후가 중요한 역할을 한다. 그래서 기후에 따라 다른 경관, 다른 변화가 나타나는 것이다. 기후가 상대적으로 온난한 남쪽지방에서는 늘 푸른 넓은 잎나무 즉, 상록활엽수가 분포하고 있어 우리가 남부지방 및 제주도 지역으로 여행을 하면 전혀 다른 숲 경관을 보게 되고, 강원도 이북 쪽으로 가게 되면 또 다른 경관을 보게 되는 것이다. 보편적인 기후로 예측되는 숲의 끝점을 극상이라고 하는데 기후가 주요 원인으로 작용했다면 그것을 기후극상이라고 부른다. 그러나 기후보다 강한 다른 환경적 요인으로 인해 천이의 끝점이 달라지게 되는 것은 토지 극상, 사람이나 동물의 규칙적인 간섭에 의해 경관이 유지되면 방해극상이라고 한다. 주요 관공서나 정원에서 해마다 나무를 전정하고 다른 식물들의 생육을 제한하여 늘 일정한 경관을 유지하는 것이 대표적인 방해극상이라고 할 수 있다.

천이의 끝점, 극상에 다다른 숲은 산불과 같은 교란에 의해 다시 처음으로 돌아간다. 거기서 다시 변화가 시작되는 것을 2차 천이(secondary succession)라고 하고, 빙하나 화산작용과 같은 교란에 의해 맨땅에서 변화가 시작되는 것을 1차 천이(primary succession)라고 부른다. 1차 천이는 2차 천이보다 속도가 느리다. 왜냐하면 1차 천이는 아무것도 없는 부존(不存) 상태에서 진행되기 때문이다. 대상지 외부에서 종이 유입되어야 하므로 시간이 걸린다. 반면 2차 천이는 교란 이전에 있었던 생물들이 남긴 생물학적 잔존물(biological legacies)이 천이를 촉진 시키는 역할을 해서 천이 속도를 단축시킬 수 있다.

스위스 체르마트(Zermatt)의 고르너그라트(Gornergrat)에서 본 마테호른 빙하. 기후 변화로 빙하 면적이 점차 줄어들고 있다. 만약 빙하가 자리 잡고 있던 곳이 노출되어 맨땅에서 다시 숲으로 발전하는 천이가 시작되면 1차 천이가 되는 것이다.

9

생물의 다양성은 곧 인간의 생존

지구의 위기이며, 인류의 위기이다. 급격한 산업화, 도시화로 많은 문제점들이 들어났지만 그 중에서 우리에게 가장 가깝게 와 닿는 것이 기후변화 즉, 기후위기이다. 매스컴에서 다른 나라 이야기로만 듣던 위기가 점점 다가오는 듯하다. 매년 강해지는 태풍과 해마다 발생하는 산불의 잦은 산불로 빈도와 구모면에서 기후 위기의 현실을 실감한다. 지구의 위기를 얘기하면 나오는 대표적인 항목이 기후 위기와 생물다양성 감소이다. 많은 과학자들은 이미 기후 위기와 생물다양성 감소가 지구가 감당할 수 있는 수준을 넘어섰다고 경고하고 있다.

숲길을 걷다 보면 다양한 동식물들을 접하고 저것이 무엇인지 호기심을 갖기 마련이다. 갑자기 궁금해진다. 지구상에는 얼마나 많은 생물들이 존재할까? 이 단순한 질문에 대해 과학자들의 명쾌한 대답을 듣기는 어렵다.

학자들이 대답을 하기 위해서는 몇 종의 생물이 지구상에 사는지 파악하기 위해서는, 여전히 지구상에 접근하기 어려운 곳과 맨눈으로는 동정이 불가능한 수없이 많은 작은 생물들을 모두 조사해야 하기 때문이다. 예를 들면 곤충학자 테리 어윈(Terry Erwin)은 1980년 즈음에 파나마의 열대 우림의 나무 한 그루에서 163종의 딱정벌레가 서식하는 것을 발견했다. 딱정벌레가 곤충의 약 40%를 차지하므로 그것을 근거로 추산하여 지구상에는 3천 만종의 생물이 분포하고 있다고 발표했다. 그러나 다른 과학자들은 3천 만종은 너무 많으니 대략 1천만 종 이하가 아닐까 생각했다. 이러한 상황 때문에 지구상에 몇 종의 생물이 사는지 쉽게 대답하기 어렵다. 그러다 2011년에 스트레인(Strain)은 생물분류의 각 단계마다 분포하는 종 수의 패턴을 추정하여 지구상에 약 870만 종의 생물이 분포하고 있다고 사이언스지에 발표했다. 과학자들은 계속해서 지구상에 얼마나 많은 생물들이 살고 있는지 알아내려고 노력할 것이고 우리는 여전히 궁금하다.

  그렇다면 현재까지 동정 되어 기록된 종은 몇 종일까? 약 120만 종으로 추산하고 있다. 여전히 짐작만 할 뿐이다. 확인된 종의 대부분은 곤충이다. 국제자연보전연맹(IUCN, The International Union for Conservation of Nature)에 따르면 120

만 종 147,500종이 적색목록(red list)에 등재되어 있다. 적색목록은 IUCN이 1963년에 지구상에서 위협받고 있는 종들의 보전 상태를 기록한 것이다. 적색목록의 범주는 멸종(extinct, EX), 야생 멸종(extinct in the wild, EW), 위급(critically endangered, CR), 위기(endangered, EN), 취약(vulnerable, VU), 준위협(near threatened, NT), 약 관심(least concern, LC), 정보 부족(data deficient, DD), 미평가(not evaluated, NE)의 9개로 나뉜다. 전체 목록 중 28%에 해당하는 41,000종이 멸종의 위협을 받고 있다.

우리나라는 야생생물 보호 및 관리에 관한 법률에 의해서 멸종위기야생생물을 Ⅰ과 Ⅱ급으로 나누어 관리하고 있다. 멸종 위기 야생 생물은 자연적 또는 인위적 위협요인으로 인하여 개체수가 현격히 감소하거나 소수만 남아 있어 가까운 장래에 절멸될 위기에 처해 있는 야생생물을 말하며, 법으로 지정하여 보호 · 관리하는 법정보호종이다. 멸종 위기 야생생물은 2022년 기준 스라소니와 같은 Ⅰ급 68종, 가시연꽃과 같은 Ⅱ급 214종으로 총 282종이 지정되어 있다. 해마다 멸종 위기 야생 생물의 종수는 증가하고 있는 추세이다.

주변에서 우리도 모르는 사이에 사라지는 생물종은 우

리와 어떤 관계가 있는 것일까? 우리가 먹는 음식은 물론 약재의 대부분이 자연으로부터 나온다. 자연이 우리에게 주는 혜택이다. 요즘에는 생태계 서비스(ecosystem service)라는 이름으로 자연으로부터 인간이 얻는 이익을 연구하는 학문이 활발하게 연구되고 있다. 자연이 주는 혜택은 크게 지원, 공급, 조절, 문화서비스로 나눈다. 다양한 혜택을 인간에게 주고 있지만 그 근원은 생물다양성이 보장되어야 한다. 우리 인류가 주로 먹는 작물은 쌀, 옥수수, 밀이다. 통상 3대 작물로 일컫는 이것들을 재배하기 위해서는 넓은 면적에 농사를 지어야 하는데, 만약 지구적인 재앙으로 이들 작물의 수확이 급격히 떨어지게 되면 인류의 생존이 위협을 받게 되는 것이다. 만약 인류가 다양한 곡물을 식량으로 먹는다면 작물이 분산되어 재배되므로 설사 기후적인 재해가 온다고 해서 한 두 작물의 손해를 다른 작물이 대체할 수 있는 것이다.

자연생태계는 생물들 간에 먹고 먹히는 네트워크 관계가 형성되어 있는데 이를 먹이그물이라고 한다. 생물의 먹고 먹히는 관계를 단순하게 먹이사슬이라고 표현하기도 하는데, 먹이사슬의 경우 중간에 종이 멸절해 버리면 사슬이 끊어지지만, 관계가 그물로 되어 있다면 대체 관계가 이어져서 생태계는 지탱 가능한 범위에 있을 것이다. 이러한 것이 다양성의 가치이다. 누가 한 권의 책만 읽고 그것을 맹신하면 사고가 편협되겠지만, 여러 권의 책을 읽고 다양한 견해를 접하면 생각이 폭넓어진다. 생물다양성의 가치는 생물 그 자체에도 지탱 가능성과 회복력으로 입증이 되고 있고, 인간 사회에서도 같은 개념으로 응용되고 있는 것이다.

지구촌의 생물들은 다 같이 동등한 가치를 가진다. 우리들의 관심만이 그들과의 번영을 보장한다. 그들과의 번영 보장이 우리의 영속을 보장하는 것이기도 하다.

부산광역시 맥도생태공원에서 생육하고 있는 가시연꽃(*Euryale ferox*).

2부

숲과 공간
: 숲으로 바라본 세상

1

울릉솔송나무의섬:울릉도

필자에게는 소박한 소원이 있다. 울릉도의 태하령에 가서 하루 종일 그곳에 빈둥빈둥 머물다 오는 것이다. 그곳에 가기 위해 필자는 돗자리 혹은 접이식 의자와 보온병에 담긴 차, 하루 종일 있을 테니 두어 종류 그리고 도시락과 약간의 간식을 준비해 갈 예정이다. 최근에 들려오는 소식으로는 울릉도 가기가 매우 수월해졌다고 한다. 전에는 쾌속선만 가서 파도가 높으면 배가 뜨지 않는 경우가 비일비재했다. 필자는 여태까지 세 번 울릉도에 간 적이 있다. 첫 번째는 대학원생 시절이었는데 그때 교재에 나오는 태하령을 처음 가게 되었다. 대학원생이었던 필자에게 태하령은 각종 울릉도 특산 식물을 관찰할 수 있는 기회가 주어졌으나, 가난한 학생이었던 탓에 온전히 눈으로만 관찰하는 것이 다였다. 사진기가 없어서 식물 사진을 담아올 수 없었던 것이다. 두 번째 방문에는 다른 일을 하느라 태하령을 방문하지 못했다. 그리고 코

로나19가 한창인 2020년에 울릉도를 방문할 기회를 갖게
되었다. 세 번의 울릉도 방문은 우연히도 제날짜에 나온
적이 없다. 들어갈 때는 예정대로 입도를 했으나 나올 때
는 공교롭게 바다 날씨 사정이 좋지 않아 배가 뜨지 않았
다. 세 번째 방문할 때 예감이 좋지 않았는데 불길한 예
감대로 배는 뜨지 않았다. 그러나 이번에는 주저없이 자
동차를 렌트해서 태하령으로 향했다. 그리고 태하령을
즐겼다.

태하령은 경상북도 울릉군 서면 남서리에 위치해 있으며, 2003년 산림유전자원보호구역
으로 지정되어 있고, 섬잣나무, 너도밤나무, 울릉솔송나무 등을 관찰할 수 있다.

울릉도 태하령 쉼터. 섬잣나무, 너도밤나무, 울릉솔송나무(Tsuga ulleungensis) 등을 관찰하기 좋은 장소이다.

태하령을 가고 싶은 이유는 섬잣나무(Pinus parviflora), 너도밤나무(Fagus multinervis), 울릉솔송나무(Tsuga ulleungensis) 등을 만나기 위해서이다. 이 나무들은 육지에서 볼 수 없다. 우리나라에서는 오로지 울릉도에서만 볼 수 있다. 그중에서 태하령이 가장 대표적인 곳이다. 그리고 결정적으로 일반 관광객들이 잘 찾지 않는 곳이다.

섬잣나무는 잣나무(Pinus koraiensis) 종류지만 섬 지역에 오랫동안 분포, 생육하면서 유전적으로 변이가 생겨 달라진 나무이다. 잣나무와 달리 잎이 짧고, 종자인 잣에 좁은 날개가 있다. 육지에서 조경수로 사용되는 섬잣나무라고 알

려져 있는 것들은 대부분 일본산 원예 섬잣나무이다. 섬
잣나무가 우리나라 울릉도와 일본, 대만지역에 분포하는
데 품종이 많이 개발되어 있다. 키가 20미터에 육박하는
우람한 섬잣나무 원종은 이곳에서만 볼 수 있다.

　　너도밤나무 또한 우리나라에서는 울릉도에서만 생육
한다. 너도밤나무는 북반구에 12종이 분포하고 있는데,
북미와 유럽에서 많이 볼 수 있다. 코난 도일의 유명한
추리소설 '너도밤나무 집(The Adventure of the Copper Beeches)'에
서도 상징적으로 너도밤나무가 나온다. 유럽여행을 가면
흔하게 볼 수 있는 나무이다. 가까운 일본에서는 전국적
으로 분포하는데, 특히 아오모리(青森)의 시라카미산찌(白神

안타깝게도 필자는 울릉도 너도밤나무의 녹색 잎 사진을 갖고 있지 않다. 울릉도 갈 기회가 많지도 않았지만, 번번이 초록의 계절을 비켜 갔기 때문이다. 대신 미국 동부를 방문했을때와 유럽답사를 갔을 때는 너도밤나무를 충분히 볼 기회를 가졌다. 그래서 더더욱 울릉도 태하령을 가서 푸른 잎을 달고 있는 너도밤나무를 보고 싶은 것이다.

그런데 "너도밤나무"? 그럼 "나도밤나무"도 있나? 있다. 밤나무는 당연히 아는 것이고, 너도밤나무는 왜 이름이 너도밤나무인가에 대해서는 여러 가지 설이 있다. 너도밤나무는 잎이 밤나무와 비슷하기도 하고 열매도 작은 밤을 닮았기 때문이기도 하겠지만, 필자가 학부 시절 들은 재미있는 이야기는 다음과 같다.

옛날 옛날, 호랑이 담배 피던 시절. 울릉도의 한 촌장이 꿈을 꾸었다. 촌장은 꿈이 심상치 않은 것을 직감하고 다음날 마을 사람들을 불러 모았다. 꿈에 신령이 나타나 '마을의 안녕을 위해서는 밤나무 100그루를 찾으라고 했다.'는 것이다. 이에 마을 사람들이 흩어져 밤나무를 찾았는데 집계를 하니 모두 99그루였다. 큰일이다. 100그루를 찾아야 하는데. 마을의 안녕과 풍어 등을 위해서는 밤나무 100그루가 절대적으로 필요하다. 고심에 고심을 거듭하던 촌장 옆에 나무 한 그루가 있는데 밤나무랑 비슷하게 생겼다. 다급해진 촌장은 "에라, 너도밤나무 해라" 그랬다고 한다.

그것에 더해 옆에 있던 다른 나무가 그랬다고 한다. "나도밤나무 하면 안될까?"

너도밤나무가 울릉도에 있다는 것은 과거 울릉도가 육지와 연결되어 있었다는 증거로 종종 얘기된다. 너도밤나무는 연중 비가 고르게 오고 배수가 잘되는 지역을 선호한다. 그래서 육지에서는 너도밤나무가 생육하지 않는 것이다.

울릉도 나리분지(왼쪽)와 일본 시라카미산찌(白神山地, 오른쪽)의 너도밤나무 숲. 너도밤나무는 밤나무과의 나무로 연중 비가 고르게 오고 배수가 잘되는 지역에 분포한다.

서울 홍릉수목원에 있는 너도밤나무의 잎. 너도밤나무를 육지에서 보기 위해서는 수목원을 방문해야 한다.

나도밤나무(Meliosma myriantha). 너도밤나무와는 완전히 다르지만 잎의 형태가 밤나무와 비슷하다. 전남 백운산에서 촬영.

영국 큐가든(Kew garden)에 있는 너도밤나무. 나무의 가지가 밑으로 처지면서 땅에 닿아 거기서 뿌리가 발달하여 다시 줄기가 서는 형태로 자라고 있다.

태하령에서 가장 극적으로 접하게 되는 나무는 울릉솔송나무(Tsuga ulleungensis) 이다. 나무 이름에 울릉이 들어가 있다. 울릉솔송나무도 육지에서는 수목원 둥지를 제외하면 자연상태에서는 볼 수 없는 나무이다. 울릉솔송나무가 지금의 이름을 얻게 된 것은 불과 얼마 되지 않는다. 2017년 미국 하버드대학 부속 아놀드 수목원(The Arnold Arboretum of Harvard University)이 주도한 연구팀은 「A New Species and Introgression in Eastern Asian Hemlocks (Pinaceae: Tsuga)」라는 논문을 발표하였는데, 그동안 솔송나무(Tsuga sieboldii)로 알려져 왔던 것을 유전자분석을 통해 별개의 종이라고 밝히고 '울릉솔송나무'라고 이름을 붙인 것이다. 이 사건은 아놀드 수목원쪽에서도 매우 고무적이었다. 왜냐하면 처음 울릉솔송나무를 소개한 사람이 1917년 당시 아놀드 수목원 소속의 어네스트 윌슨(Ernest Wilson)이었기 때문이다. 윌슨은 1917~1919년 사이에 한국, 일본, 대만 등 동아시아를 방문하여 식물 조사를 시행하고, 엄청난 표본을 채취하여 돌아갔다. 울릉도에서만 80점의 표본을 가져갔다. 윌슨이 울릉도를 다녀간 지 100년 만에 괄목할 만한 성과를 낸 것이다.

우리나라에만 있는 특산종이거나 우리나라에서 처음 조사되어 학계에 보고된 것들 중에 우리와 익숙한 지명이 들어간 식물들이 있다. 완도호랑가시나무(Ilex × wandoensis), 구상나무(Abies koreana), 잣나무(Pinus koraiensis), 개나리(Forsythia koreana) 등 그 외에도 많은 종이 있다.

태하령하면 회솔나무(Taxus cuspidata var. latifolia)도 빼놓을 수

없는 특산종이다. 회솔나무는 주목(Taxus cuspidata)의 변종으로 외형적인 차이가 좀 있어 그동안 별개의 종으로 구분해 왔다. 그러나 주목과 차이가 없다는 이유로 현재는 주목의 다른 이름(異名)이라고 규정되어 있다. 아쉽다. 현재도 태하령에 가면 회솔나무가 주목과 어떻게 다른 지를 알려주는 안내판이 설치되어 있다. 2013년 발표된 논문(소순구 등, 2013)에서는 회솔나무를 주목의 변종으로 보는 것이 타당하다고 주장하고 있다. 울릉도는 섬이므로 처음에는 같은 종이었다고 하더라도 오랫동안 외부와 격리되어 환경에 적응해 왔다면 변종으로 봐도 좋을 것이다. 이를 생태학에서는 생태형(ecotype)이라고 한다. 지금은 이렇게 회솔나무가 주목의 다른 이름으로 불리지만 세월이 지나면 변종으로 독립할 것이다. 그게 종의 진화이니까.

울릉솔송나무의 솔방울(구과). 열매가 일반 솔방울에 비해 작으며 처음에는 녹색이나 점차 갈색으로 변한다.

왼쪽은 Wilson이 1917년 울릉도를 방문하여 울릉솔송나무를 찍은 것이고, 오른쪽은 아놀드 수목원 연구팀이 2008년 아놀드수목원 연구팀이 울릉도를 방문하여 수고 30미터의 솔송나무를 찍은 것이다. 아놀드수목원에서는 2017년 울릉도의 솔송나무가 유전적으로 기존의 것과 다르다는 논문을 발표하고 '울릉솔송나무'라고 이름을 다시 붙였다.

Ulleungdo Hemlock

Tsuga ulleungensis

아놀드 수목원 홈페이지(arboretum.harvard.edu)에 울릉솔송나무의 등장을 알리는 글이 한동안 크게 게시되었다.

울릉도 태하령에 가면 울릉솔송나무가 나에게 이렇게 말을 걸 것 같다.

"나는 늘 여기에 있었지. 어느 날 사람들은 나에게 와서 이름을 붙여 주었지. 그리고 또 다시 나를 찾아와서 다시 이름을 붙여 주었어. 나는 늘 여기 있었지. 달라진 것은 나에게 붙여진 이름뿐이야. 많은 사람들이 산티아고 순례길을 간다고 해. 정신적으로 치유가 된다고 하네. 나는 가본 적이 없어. 너무 당연한가? 사실 지리산 둘레길이나 금강소나무길이 더 좋지 않나? 산티아고를 다녀온 사람들은 오로지 '순례길'이라는 의미로 힘든 길을 걷고 많은 것을 얻어오지. 나는 늘 여기 있었는데, 이제 사람들은 내가 '울릉'이라는 이름을 갖게 되었고, 이곳이 내 터전이라는 것에 의미를 두고 올거야. 사는 것은 그런 것이야. 늘 발생하는 사건에 우리가 어떤 의미를 부여하는가가 중요하지. 그렇지만 내가 여기 늘 있었듯이 내 본질은 변하지 않았어. 그래 너도 네 본질은 변하지 않지. 그것을 생각했으면 해. 살면서 여러 가지 실수도 하고 성과도 내고 희노애락도 겪겠지만 모두 소중한 거야. 오늘 여기 왔으니 네 본질에 대해서 생각하고 너는 무척 소중한 존재라는 것을 깨닫고, 남들도 소중한 존재라는 것도 깨닫고 가길 바래. 나는 늘 여기 있을거야"

빠른 시일내에 맘 맞는 사람들과 같이 태하령을 가려고 한다. 그곳의 의미를 되새기고, 나무와 대화를 하고 더 나아가 일행들과 그리고 마지막으로 나와 대화를 해보려고 한다.

2

생태학적 눈으로 본 영화이야기
: 설국열차/라파누이/비열한 거리/신세계

① 설국열차는 개체군생태학 교과서

영화는 보통 장르로 구분한다. 큰 범주인 장르로 구분이 되면, 영화의 내용은 장르의 틀에 맞게 전개된다. 필자도 영화 보는 것을 좋아하는데, 두어 시간으로 압축된 영상 속에서 울림이 있는 메시지를 받는 것은 책을 읽어 얻는 감동에 비견된다. 영화가 주는 메시지는 보는 사람들마다 다를 것이다. 필자는 몇 편의 영화를 생태적으로 해석해 보고자 한다.

설국열차는 봉준호 감독이 메가폰을 잡고 제작한 2013년도 영화이다. 지구온난화를 해결하려고 냉각제를 뿌린 결과 지구는 얼어붙게 되고 노아의 방주처럼 열차에 탑승한 사람들이 살아남아 전 세계를 질주하면서 벌어지는 내용을 담고 있다. 영화의 시작은 꼬리 칸에서 살아가는 억압받는 사람들의 반항에서 시작된다. 열차는 계급에 따라 사람들이 나뉘어 탑승을 하고 있는데 가장 최상층은 앞쪽에, 최하층은 꼬리칸에 타고 있다. 영화의 주된 내용은 꼬리 칸에 있는 사람들이 불평등하고 억압받는 삶을 개선하고자 온갖 어려움을 뚫고 앞 칸으로 나아가는 일종의 여정이 그려진다.

만약 그런 열차가 있다면 생태학에서는 이를 폐쇄계로 규정한다. 폐쇄계는 닫혀서 통제된 공간에서 순환과정을 통해 기능이 유지되어야 한다. 지구도 일종의 폐쇄계이다. 통상 폐쇄계는 섬 생태학에서 많이 언급된다. 닫힌계에 해당하는 설국열차는 비록 계급이 나뉘어져 있지만 그것과 상관없이 열차의 최상층 지도자와 최하층의 지도자가 남몰래 소통하면서 열차 내 사람들의 숫자 즉, 개체수 (인구)를 유지하고 있었다는 놀라운 반전으로 끝을 맺는다.

생물의 수는 어느 정도까지 늘어날 수 있을까? 지구의 인구는 약 80억 명에 달한다. 지구의 인구가 어느 정도까지 유지될 수 있는가는 인구를 부양할 수 있는 환경에 달려있다. 여기서 환경은 주로 인류가 살아갈 수 있는 의식주를 기본으로 정치, 경제적인 여건일 것이다. 혹은 개체군 간의 상호관계에서도 개체수가 밀도가 유지되는 사례도 있다. 로트카—볼테라(Lotka-Volterra) 모델은 포식—피식 모델인데, 개체군 밀도의 조절이 포식자와 피식자 간의 먹고 먹히는 과정에서 일정한 주기를 가지면서 항상성을 유지한다는 이론이다.

눈신토끼(Snowshoe hare, Lepus americanus)와 캐나다스라소니(Canada lynx, Lynx canadensis)는 피식—포식의 관계인데, 1845년부터 눈신토끼와 캐나다스라소니의 모피량을 조사한 결과, 이들이 9~10년 주기로 개체군 밀도 변화가 있는 것이 밝혀졌다. 눈신토끼의 개체수가 늘어나게 되면 캐나다스라소니는 먹이량이 점차 풍부해지게 되어 개체수가 증가하게 된다. 그러나 캐나다스라소니의 개체수가 증가하게 되면 반대로 잡아먹을 눈신토끼의 개체수 밀도가 감소하게 된다. 이렇게 눈신토끼와 캐나다스라소니는 상호간에 개체수 밀도에 따라 개체수 변동이 있는데 이것이 주기성을 갖는다는 것이다. 이는 크게 보면 포식과 피식을 통해서 개체군 밀도의 항상성을 유지하는 것이다. 만약 외부에서 이들의 포식과 피식 관계에 관여하지 않으면 이들은 상호의존적으로 종족의 개체수를 유지해 나갈 수 있는 것이다.

설국열차는 제한된 공간에서 주어진 자원과 개체수(인구)를 유지하기 위한 상호관계를 계급으로 표현한 걸작이라고 할 수 있다. 많은 사람들이 SF 영화로써 설국열차를 즐길 때 생태학을 하는 사람들은 개체군생태학의 교과서로 영화를 볼 수도 있겠다.

영화 설국열차는 닫힌계에서 개체수의 생존을 위해 밀도를 조절하는 내용을 다루고 있으며, 라파누이(Rapa Nui)는 이스터섬을 대상으로 한정된 자원의 남용에 대한 교훈을 다루고 있다.

② 동물의 왕국 같은 조폭 영화

조직폭력배의 생활을 그린 영화는 너무 많다. 해외 명작으로는 대부가 있고, 국내에서도 초록물고기 등 한 해에도 수 십여편의 느와르 영화가 만들어진다. 여기서 특정 영화를 꼽을 필요도 없이 어떤 조폭 영화든 그 안에는 영역의 개념이 숨어 있다. 동물들은 자기들만의 생존을 위해 적극적으로 방어하는 공간을 설정하는데 그것을 영역권(territory)이라고 한다. 영역권보다는 조금 넓은 개념으로 생활권(home range)도 있다. 말 그대로 생활권은 동물이 먹이를 구하거나 짝을 찾기 위해 공유하는 공간이 설정될 수 있다. 그러나 영역권은 독점적인 공간이기 때문에 이곳이 침범을 당하면 생존의 위협을 느껴 싸움이 일어난다. 일부 동물들은 영역권을 표시하기 위해 나무에 상처를 내거나 소변 등으로 표시를 남기기도 한다. 호랑이의 포효야말로 가장 위협적인 영역권이라고 할 수 있다.

조직폭력배들간의 혈투는 주로 영역권을 침범했을 때 일어난다. 비슷한 세력을 가진 조직폭력배들 조차도 잦은 싸움은 얻는 것보다는 잃는 것이 많기 때문에 적당한 선에서 구역을 관리하며 상호 간에 인정하는 범위를 두게 된다. 그 선을 넘는 것이 어떤 결과를 초래할지 알기 때문에 최대한 자제해야 평화가 유지되는 것이다. 느와르 영화를 생태학적으로 볼 때는 영역권과 생활권을 구분해서 보면 재미가 있을 것이다. 이것은 동물의 왕국과 같은 다큐멘터리에서도 그대로 확인할 수 있다. 영역을 지키기 위해 본능만 남아 싸우는 조폭은 동물들과 다를 것이 없기 때문이다. 정치도 생태적인 관점에서 해석해 보자. 바람직하지 않지만 정치세력의 거점을 특정 지방에 두고 있는 현 상황은 영역권에 가깝다. 그리고 권력을 쟁취하기 위한 싸움을 경쟁이며, 정권이 바뀌어 나가는 것은 천이로 풀어서 설명할 수 있다. 항상 상호간에 대립하는 것은 서로에게 부담이므로 서로 살기 위해서는 공존을 모색할 것이다. 만약 정치가 상대방에 대해 피도 눈물도 없이 가혹하다면 그것은 정치의 경험이 일천 하기 때문이다. 생태학에서 상호작용은 시간이 흐를수록 점차 부$(-)$의 관계에서 정$(+)$의 관계로 나아가기 때문이다.

조직폭력배의 이야기를 다룬 영화들은 행동권과 생활권의 관점에서 생태학적 해석을 할 수 있다.

우리와 똑같은 눈높이의 나무들

숲을 걷다 보면 자주 마주치는 나무들이 있다. 키가 큰 나무는 올려다 보아야 하나 눈높이에 있는 나무들은 꽃, 잎, 열매가 직접 눈앞에 와 닿는다. 숲에서 우리 눈높이에서 주로 마주치는 나무들을 알아보자.

① 생강나무

생강나무(Lindera obtusiloba)는 녹나무과의 키작은 나무이다. 우리나라 전역에 볼 수 있으며, 주로 바위가 많은 곳의 틈 사이에 뿌리를 내리고 산다. 봄이 오면 가장 먼저 노란색 꽃을 피운다. 잎은 삼지창처럼 생겼으며 잎을 상처에 비비면 생강 냄새가 난다고 하여 생강나무로 불린다. 생강나무 잎은 차로 만들어 마시기도 한다. 추운 겨울에 봄을 기다리는 사람들이 많다. 생강나무의 꽃은 그들에게 봄이 왔음을 알려준다. 생강나무의 향기는 우리

몸을 정화시켜 준다. 이른 봄 비슷한 시기에 노란색 꽃이 피는 나무가 있는데, 이는 산수유이다. 조경수로 심어진 산수유의 개화로 사람들은 봄을 먼저 알게 되는 경향이 있는데, 산수유꽃이 진 노랑다면 생강나무 꽃의 노랑은 연노랑이다. 생강나무 꽃을 찾게 되면 봄을 찾은 것이다.

생강나무 잎

생강나무 꽃

② 사람주나무

나무 이름이 재미있다. 산에서 사람주나무(Neoshirakia japonica)를 만나서 주변 사람들에게 나무 이름을 알려주면 무슨 나무냐고 되묻는 경우가 많다. 나무 이름에 '사람'이 들어가서 그런가 보다. 사람주나무는 대극과의 키 작은 나무로 우리나라 전역에 분포한다. 나무는 줄기가 하얗기 때문에 사람주나무가 모여서 자라는 곳을 보게 되면 경관이 장관이다. 바위가 많은 지역에 살기를 좋아한다. 가을에 붉게 물들어 가는 단풍도 볼 만하다. 때죽나무나 쪽동백나무는 나무의 줄기가 검은데 우연하게도 사람주나무 곁에 나란히 서 있는 것을 보게 되는 경우가 많다. 비목나무는 수피가 노란데 이것까지 옆에 있게 되면 숲은 색깔 공화국이라 할 만하다.

사람주나무의 잎과 꽃

사람주나무 줄기

③ 노린재나무

노린재나무(*Symplocos sawafutagi*)는 우리나라 전역에서 볼 수 있는 노린재나무과의 키 작은 나무이다. 나무 전체적으로 특징적인 것이 없어서 사람들의 이목을 끌지 못한다. 그래서 숲에 가면 늘 있는 듯, 없는 듯 존재감이 없다. 늦봄에 꽃을 피우는데 은근히 꽃이 이쁘다. 자세히 들여다 보아야 하는데, 나중에 산에 가면 노린재나무를 알아봐 주기 바란다. 나무를 태우면 노란 재가 남는다 하여 노린재나무라는 이름이 붙여졌다. 아직 노린재나무 꽃을 본 적이 없다면 다음해 봄에는 노린재나무 꽃을 관찰하는 것에 도전해 보라. 새로운 아름다운 세계를 경험할 것이다.

노린재나무의 잎과 꽃. 평범해서 잘 눈에 띄지 않으나 다가가서 자세히 보면 꽃이 아름답다. 밀양 위양지에서 촬영.

④ 때죽나무

때죽나무(Styrax japonicus)는 우리나라 전역에 분포하고 있는 때죽나무과의 나무이다. 줄기는 검은색으로 매끈하다. 5월과 6월에 하얀색 꽃을 피우는데, 꽃이 나뭇잎 아래쪽으로 매달려서 스노우벨(snowbell tree)로 불린다. 꽃이 피면 본격적인 여름을 알리는 신호로 봐야 한다. 산길을 가다가 보면 흰꽃이 길 위에 떨어져 있는 것을 보게 되는데 자연스럽게 꽃길을 걷게 된다. 비슷한 나무로 쪽동백나무(Styrax obassia)가 있다. 나뭇잎을 찧어서 물에 풀면 물고기가 떼로 죽어 올라온다고 하여 때죽나무라는 이름이 붙었다고 한다. 전에 읽은 글에서는 스님이 글을 쓰셨는데, 사찰에 동자승이 한 방에 옹기종기 몰려 앉아 있으면 마치 때죽나무의 열매가 모여 있는 것 같아 보여 중이 떼로 몰려 있는 모습에 이름이 그렇게 붙여졌다는 내용이었다. 무엇이 되었든 사연이 많다는 것은 문화의 산물이다. 그만큼 나무가 사람들과 교감이 많았다는 방증이기도 하다.

때죽나무 잎   때죽나무 꽃

⑤ 국수나무

국수나무(Stephanandra incisa)는 잔가지가 땅에서 여러 갈래 올라오는 관목이다. 장미과의 나무로 우리나라 전역에서 그리고 주로 길가에서 볼 수 있다. 숲속과 달리 길가에는

빛이 들어와서 광합성을 하려는 나무들에게 유리하다. 그래서 국수나무를 가장자리 수종(edge species)이라고 부른다. 가지를 꺾으면 안쪽에 하얀 심이 보이는데, 그것 때문에 국수나무라는 이름이 붙었다. 꽃은 매우 작지만 장미과 식물이라 그런지 자세히 들여다보면 제법 아름답다.

국수나무의 잎과 꽃

4

겉은 부드럽지만 속은 강한 숲 : 료안지/석남사

일본 교토에 있는 료안지(龍安寺)는 일본을 대표하는 최고의 선종(禪宗) 사원이다. 이곳 가레산스이(枯山水) 정원은 세계적으로 유명한데, 가레산스이 정원이란 일반적으로 정원에서 가장 많이 사용되고 있는 물을 빼고, 바위, 모래, 이끼로만 상징적으로 대상을 구현한 것을 말한다. 굵은 모래와 바위만으로 산과 강의 풍경을 표현하는 일본 정원 양식인데, 데쓰센소키(鐵船宗熙)가 '3만리를 단 몇 자로 줄여보겠다'고 하며 좁은 마당에 광대한 풍경을 담아낸 것이 효시로 알려져 있다.

료안지는 돌과 모래 그리고 이끼만으로 불교의 궁극의 도달점이라고 할 수 있는 선(禪)을 표현한 곳으로 그 안에는 심오한 의미가 함축되어 있다. 전 세계적으로 많은 사람들이 료안지를 방문하여 진지하고 엄숙한 자세로 정원이 품고 있는 깊은 의미를 생각한다.

정원은 나만의 세계를 구현한 개인적인 공간이다. 그

곳의 주인공은 식물과 식물 생육에 필요한 환경요인 그리고 식물을 돋보이게 하는 보조 요소들로 구성된다. 결국 식물이 주인공이고 좀 더 큰 의미로 표현하면 나만의 숲을 만드는 것이다. 그런 숲을 상징과 의미로 표현하니 다양한 변화와 감정이 제외되어 보이고 엄숙하며 경건한 공간으로 변한 것이다. 물론 그 안에서 감정을 읽어내고 영감을 얻어내는 것은 순전히 관찰자의 몫이다.

극도로 엄숙한 공간에서 어떻게 분위기 반전을 이뤄낼 것인가? 료안지 사찰에 입장하면 전간 초입부에 큰 포스터가 보인다. 그냥 료안지의 한 장면을 찍은 포스터라고 생각했는데, 당시 필자 일행을 안내했던 제이트래블의 이준호대표가 포스터에 얽힌 얘기를 들려주었다. 일본의 철도회사 JR동해가 2012년 'そうだ 京都,行こう(그래 교토, 가자)'라는 캠페인을 하면서 교토의 료안지를 내세운 포스터를 제작했다고 한다. 포스터 중앙에는 연분홍색의 벚꽃이 흐드러지게 피어 있었고 벚꽃이 엄격한 공간을 살짝 침범한 장면을 찍은 사진이었다. 포스터에서 만큼은 엄숙한 선(禪)정원에 주목하지 않고, 담 너머로 늘어지는 벚꽃을 주인공으로 삼고 있었다. 그리고 포스터에는 이렇게 적혀 있었다.

아! 석정이 웃었다.

엄숙한 얼굴의 정원에 봄이 왔다.

あ、石庭が、笑ってる。

いつもは難しい顔しているお庭にも、春がきました。

　　모래와 돌이 주는 차가운 감정을 화사한 벚꽃이 천진난만하게 승화시킨 것은 강함의 진정한 의미를 생각하게 한다. 만약 강(强)대 강으로 부딪힌다면 한쪽은 분명히 패망하게 되거나 양쪽 다 치명적인 상처를 입게 된다. 오로지 경쟁만 있을 것 같은 숲과 그 나무에게서 애교를 발견했다고나 할까! 새삼 숲의 나무들이 세상을 대하는 자세를 보게 된다. 숲의 나무들은 각자 자기의 역할을 안다. 각자가 자기의 역할에 충실할 때 세상은 원만한 순환구조를 가지고 작동하는 것이다. 엄숙한 공간이 궁금해 고개를 내민 벚나무는 그의 역할을 할 것이다.

2012년 JR동해의 'そうだ 京都、行こう(그래 교코, 가자)'라는 캠페인에 사용된 료안지 가레산스이 정원(www.youtube.com/watch?v=cj2tAdXVsCY).

일본의 대표적인 고산수(枯山水) 정원 료안지(龍安寺) 석정. 선의 깨달음을 정원으로 표현한 대표 사례.

이제 우리 사찰로 한 번 가보자. 석남사는 울주군 가지산 자락에 위치한 사찰로 통도사의 말사이다. 필자가 다녀 본 사찰 중 손에 꼽는 아름다운 경관속에 있는 사찰이다. 일주문에서 전각이 들어선 곳까지 계곡 옆으로 숲을 지나게 된다. 이곳 석남사 숲은 전형적인 사찰림으로 사찰에 의해 보전된 숲이다. 입구에 자리 잡은 소나무 큰나무는 보호수로 지정되어 있고, 좌우로 소나무, 개서어나무, 노각나무, 참나무류 등이 살아가고 있다. 일부 소나무에서는 송진을 채취하던 흔적이 그대로 남아 있고, 전각 근처에는 거친 바위와 조화를 이루며 살아가는 노각나무도 보인다. 『공생의 디자인』을 저술한 마스노 슌묘(枡野俊明)는 구부러지고 뒤틀린, 고생한 나무가 아름답다고 하였다. 나무의 고단했던 삶을 칭송하는 것이리라. 그의 말대로 노각나무는 아름답다. 그 외 다양한 병꽃나무, 국수나무, 개암나무, 단풍나무, 말채나무 등은 계절의 변화를 알려준다. 숲이 포근하게 우리를 감싸준다. 그 포근함이 바로 강함이다.

울주군에 위치한 석남사는 일주문에서 대웅전 전각에 이르기까지 숲이 아름답기로 유명하다.

울주군 석남사의 노각나무(*Stewartia pseudocamellia*). 바위 틈새에서 뿌리를 내리고 힘겹게 살아가지만, 주위 환경에 순응하면서 조화를 이뤄간다. 고단한 삶을 산 나무는 아름답다.

5

부산의 숨겨진 보물 숲 : 어린이대공원

우리 속담에 "먼데 있는 무당이 용하다"라는 것이 있다. 너무 가까이 있어서, 그래서 잘 알기 때문에 오히려 신뢰성이 떨어진다는 것이다. 멀리 있어서 비록 정보는 별로 없지만 신비주의가 가미되면서 가까이 있는 대상보다 왠지 더 신뢰할 수 있을 것 같다는 의미이다. 그렇지만 결국에는 가까이 있으면서 많은 정보가 있는 것을 소홀히 하지 말라는 뜻이기도 하다.

필자의 주변에는 부산이 고향이거나 근거지로 하는 사람들이 많다. 부산의 대표적인 명소 중 한 곳이 부산 어린이대공원이다. 어린이대공원은 성지곡유원지가 있는 지역을 통칭하여 부르는데, 부산에 사는 사람들치고 이곳을 가 보지 않은 사람은 거의 없다. 지금도 평일은 물론 주말에도 사람들로 북적되는 곳이고, 그동안 많은 사람들이 다녀간 이곳이 필자와 같이 숲을 연구하는 사람들의 눈에는 보물 같은 곳이다.

첫 번째 보물: 키 큰 가시나무(Quercus myrsinifolia)

흔히 "따뜻한 남쪽 나라"라는 표현을 쓰는데, 따뜻한 남쪽 나라의 위쪽에 사는 사람들이 좀처럼 접하기 어려운 것이 있다. 그것은 바로 "늘 푸른 도토리나무, 상록 참나무"이다. 흔히 도토리나무는 참나무류로 산에서 기본 여섯 가지 종류로 만날 수 있다. 굴참나무, 상수리나무, 신갈나무, 떡갈나무, 갈참나무, 졸참나무가 그것이다. 그런데 따뜻한 남쪽 나라에는 낙엽성의 참나무류 외에 도토리가 열리는 상록성의 참나무류를 만날 수 있다. 가시나무, 종가시나무, 붉가시나무, 졸가시나무 외에 참가시나무와 개가시나무가 있다. 이 중 부산지역에서 쉽게 볼 수 있는 나무가 가시나무, 종가시나무, 붉가시나무, 졸가시나무 등이다.

그런데 이런 나무들은 어떻게 구분할 수 있을까? 이들 나무를 구분하는 방법은 잎 가장자리를 뜻하는 거치를 통해서 알 수 있다. 길쭉한 타원 형태로 생긴 잎의 가장자리가 매끈하면 붉가시나무이다. 잎 가장자리에 톱니가 전체적으로 발달 되어 있다면 가시나무이고, 잎의 상반부에만 톱니가 발달하면 종가시나무이다. 졸가시나무는 일본 원산의 참나무 종류로써 기본적으로 잎이 작고 도토리도 작다. 일본 원산이기 때문에 부산지역에서 졸가시나무를 만난 다면 모두 식재한 것 혹은 식재한 나무로부터 번진 나무로 보면 되겠다.

　어린이대공원 초입 진입로에서 조금만 들어가면 목재 데크가 보이고 늘씬한 나무들이 빽빽하게 들어선 것을 볼 수 있다. 이 나무들은 심은 나무로 삼나무와 편백이다. 편백과 삼나무는 모두 일본 원산의 상록침엽수로 주로 난 온대지역에 분포한다. 이 두 나무의 특징은 원줄기가 길쭉하게 올라가 높이 20~30미터까지 자란다. 그래서 우리들의 눈높이에서는 줄기만 보이게 되는데, 고개를 들어 위를 쳐다봐야 편백과 삼나무를 구분할 수 있다. 삼나무와 편백이 심겨진 공간은 곧추선 줄기가 주로 눈에 들어오기 때문에 수직적 경관 요소가 압도적으로 강하다. 두 나무는 피톤치드가 많이 나오는 특징을 가지고 있어서 산림욕을 하는 사람들에게 매우 인기가 높다.

　나무는 광합성을 해야 탄수화물과 산소를 만들어내고 생육할 수 있다. 광합성을 하기 위해서는 안정적으로 햇볕을 받아야 하는데, 그러려면 키를 키워서 제공권을 확보해야 한다. 땅 속의 뿌리뻗음이 바람에 나무가 넘어지지 않도록 큰키나무를 지지할 수 있는 한도까지 키를 키워야 한다. 나무들의 입장에서 보면 키를 키우는 것은 큰 경쟁 요소가 되는 것이다. 그런데 키가 늘씬하게 큰 삼나무와 편백이 미리 심겨진 곳에 가시나무가 들어간다면 어떻게 될까? 가시나무가 이들 나무와 경쟁하기 위해서는 결국 이들 삼나무와 편백만큼 키가 커야 한다. 따라서 어린이대공원 초입에서는 삼나무와 편백과 경쟁을 하는 키 큰 가시나무를 볼 수 있다. 주변에는 도토리가 떨어져 발아한 어린 가시나무도 일찌감치 키를 키우기 위해 준비하고 있는 모습을 볼 수 있다. 이 장면이 장관이다. 일반적으로 가시나무는 큰키나무이기는 하지만 보통은 편백과 삼나무만큼 크지 않다. 그러나 여기서 만큼은 이들 나무에 지지 않을 정도로 키가 크다. 내킨 김에 계곡을 따라 올라가면 성지곡 유원지가 나오고, 유원지를 한 바퀴 돌 수가 있는데, 그곳을 따라서 붉가시나무, 졸가시나무를 볼 수 있다.

부산 어린이대공원 입구에 자리 잡은 가시나무는 편백과 삼나무 사이에서 살아남기 위해 그들을 따라 키를 키우며 경쟁하고 있다.

부산 어린이대공원 초입에 자리 잡은 가시나무(Quercus myrsinifolia). 상록활엽수로 도 토리를 맺는다.

두 번째 보물: 프랑스산이 아닌 우리나라 자생 푸조나무 (*Aphananthe aspera*)

많은 사람들이 느티나무와 팽나무는 알아도 푸조나무에 대해서는 잘 모른다. 그 이유는 느티나무와 팽나무는 전국적으로 분포하지만, 푸조나무는 주로 남쪽 지방에서 볼 수 있기 때문이다. 즉, 푸조나무는 인지도가 상대적으로 떨어진다. 흔히 마을 어귀의 큰 나무가 느티나무와 팽나무가 대세이므로 비로 푸조나무가 있어도 멀리서 보고 느티나무나 팽나무이겠거니 하고 넘어간다. 그러다가 그 나무가 푸조나무라고 알려주면 푸조나무에 대한 사전 지식이 없던 사람들은 자동적으로 반문하게 된다.

"무슨 나무요?"

사람들이 반문하는 가장 큰 이유는 푸조나무가 외국 자동차 브랜드 명칭으로 익숙하기 때문이다. 푸조나무 어원에 대해 『창원에 계신 나무 어르신』(불휘 미디어, 2022)의 저자 박정기 선생은 푸조나무의 이름은 '포구새(椋鳥: 찌르레기)가 즐겨 찾는 나무에서 유래 되었다'고 하였다.

어린이대공원의 입구에서 진입해 들어가다 보면 왼쪽으로 계곡이 따라가게 되는데, 이 계곡은 상부의 성지곡 저수지에서 흘러내린 물이 흘러가는 길이다. 과거에 저수지가 있기 전에는 제법 운치 있는 계곡이었겠지만 저수지가 들어선 이후로는 댐 아래쪽으로 계곡 하류의 모습만 유지하고 있다. 어쨌거나 습한 지역이다 보니 물을 좋아하는 나무들이 들어서기 좋다. 계곡을 차지하고 있는 대부분의 나무는 푸조나무이다. 나무줄기는 검고 줄기는 거칠게 벗겨지는데, 흔히 지저분하게 벗겨진다는 표현이 쓰이기도 한다. 길을 따라가다 보면 푸조나무의 뿌리가 왕성하게 발달한 판근도 볼 수 있고 지형을 가리지 않고 생육하고 있는 푸조나무를 볼 수 있다. 겨울에는 열매를 먹기 위해 많은 찌르레기를 불러 모을 것이다.

『창원에 계신 나무 어르신』의 저자 박정기는 경남 창원의 큰 나무를 직접 찾아가서 나무의 이야기, 나무 재원, 관련 전설 등을 정리하였는데, 그에 따르면 창원의 보호수 40%가 푸조나무라고 했다.

푸조나무는 습한 지역을 좋아해서 계곡이나 시내 근처에서 많이 볼 수 있다. 뿌리뻗음이 좋아서 지형을 가리지 않고 자리 잡은 모습을 볼 수 있다.

푸조나무(Aphananthe aspera)잎. 손으로 잎 표면을 만지면 거칠거칠한 느낌이 난다. 종자 발아가 잘되어 푸조나무 근처에서 작은 치수를 많이 발견할 수 있다.

부산 어린이대공원의 푸조나무(Aphananthe aspera) 뿌리. 푸조나무의 뿌리는 발육이 왕성하여 판자를 옆으로 세운 듯한 판근(板根)이 발달하고 물과 영양분을 찾아서 왕성하게 뻗어간다. 그래서 도시에서 푸조나무 가로수를 보기 힘들다.

세 번째 보물: 개잎갈나무(Cedrus deodara)

개잎갈나무는 상록 침엽의 키 큰 나무로 원산지는 히말라야 지역으로 알려져 있다. 그래서 흔히 '히말라야 시더'라고 더 많이 알려져 있다. 임학자인 임경빈 박사는 『나무백과 2』(일지사, 1989)에서 세상 사람들이 꼽는 가장 멋있는 경관수 3가지로, 개잎갈나무(히말라야시더), 금송(Sciadopitys verticillata) 그리고 아라우카리아(Araucaria spp.)를 소개했다. 아마도 누군가로부터 듣고 그리고 본인도 동의해서 소개한 것이리라. 물론 이는 공식적인 것이 아니다. 그럼에도 3종의 나무는 필자가 생각해도 멋있기는 하다. 물론 필자의 3대 경관수는 따로 있다. 나무는 다 나름의 미를 갖추고 있다. 각자 대표 3종이든 대표 5종이든 맘에 들어 하는 나무는 따로 있으리라.

세계 3대 경관수에 들어가는 것 치고 개잎갈나무의 이름은 격이 맞지 않는 듯하다. 그것은 '개'자가 들어가서 그런 것 같다. '개'를 뗀 잎갈나무가 있다. 잎갈이란 말 그대로 잎을 간다는 뜻이다. 낙엽이 진다는 뜻이다. 그런데 이 나무는 잎을 갈지 않는다. 생긴 것은 잎갈나무처럼 생겼는데 잎을 갈지 않고 겨울에도 잎을 달고 있어 '개'자를 앞에 달게 되었다. 비슷한 것으로 개살구나무, 개회 나무 등이 있다.

　과거 박정희 대통령이 이 나무를 좋아했다는 설이 있다. 그래서 당시 너도나도 대통령에게 잘 보이기 위해서 이나무를 많이 심었다는 속설이 전해진다. 경주 불국사를 가도 개잎갈나무가 많고, 남부 지역의 웬만한 학교나 아파트, 공원을 가면 개잎갈나무가 꼭 식재되어 있다. 동대구역 앞에 개잎갈나무가 넓은 중앙분리대 녹지를 자리잡고 있기도 하다. 그런데 개잎갈나무는 큰 키에 비해 뿌리가 땅속으로 깊이 박히지 못하여 바람이 불면 풍압에 의해 많이 넘어진다. 그래서 학교에서는 학생들의 안전을 위해 나무가 풍압을 견딜 수 있도록 강하게 전정을 한 것들이 많다. 어떤 때는 너무하다 싶을 정도로 나무 가지를 강하게 잘라놓았다. 그래서 우리가 보아 온 개잎갈나무는 제 수형을 갖춘 것을 보기가 힘들다.

　개잎갈나무의 이런저런 사정으로 수형을 갖추 제대로 된 나무를 보기 힘든 상황에서 본 수형은 아니지만 그런대로 세계 3대 경관수로 불린 저력을 엿볼 수 있는 곳이 부산 어린이대공원 초입의 개잎갈나무이다.

개잎갈나무 랜드마크. 부산 어린이대공원 초입에 개잎갈나무 큰 나무가 있다. 뿌리가 천근성이라 바람을 잘 이기지 못하고 쓰러지는 특징이 있어 우리나라에서는 큰 나무를 보기 힘들다. 부산 어린이대공원을 찾는 사람들에게는 만남의 장소로 랜드마크 역할을 한다.

개잎갈나무 열매(구과)를 모아 놓으면 마치 '나무 장미'를 연상하는 듯한 형태가 되어 실내 탁자의 장식용 소품으로도 가치가 있다.

이렇듯 우리 주변에는 일반인들은 잘 모르는 가치를 간직한 것들이 많다. 가치를 발굴하는 것은 스토리 텔링이고 각 분야의 전문가들이 대상물에 대한 잠재된 가치를 찾아내어 알린다면 우리는 관심을 가지고 한 번 더 보게 될 것이다. 대상에 대한 관심은 사랑으로 이어진다. 그래서 더욱 아끼고 보호할 것이다. 많은 사람들이 다니는 부산어린이대공원의 가치를 알게 되었으니 이제 앞장서서 이를 자랑해 보자.

6.

누명쓴억울한나무이야기:협죽도/양버즘나무

① 협죽도(Nerium oleander)

협죽도는 상록활엽관목으로 추위에 약해서 제주도나 남부지방에서 주로 볼 수 있는 나무이다. 우리나라 자생 수종은 아니고 인도, 유럽이 고향이다. 꽃이 여름철에 피기 때문에 꽃 보기 힘든 시절에 꽃을 볼 수 있어 관상 가치가 높다. 그렇지만 수액에 독성이 있는 것으로 알려져 있다. 협죽도의 독성은 오래전부터 알려져 있었다. 잎에 올레안드린(oleandrin) 성분이 있어서 구토 및 설사, 호흡 곤란을 유발하는 것으로 알려져 있다.

2017년 한 방송사에서 부산 해운대에 있는 어느 초등학교 앞에 협죽도가 심겨져 있다고 방송을 하면서, 제목을 '청산가리 6천 배 독나무'로 보도를 했다. 물론 과거에 협죽도 가지를 나무젓가락으로 사용하다가 혹은 협죽도로 작업을 하다 독에 노출이 되어 생명을 잃거나 잃을 뻔한 사례가 있기는 하다. 아이들이 주로 활동하는 공간 주변에 식재된 협죽도는 위험을 내포하고 있는 것이 사실이지만 너무 자극적으로 보도를 함으로써 졸지에 협죽도는 우리 주변에 심기어지는 안되는 나무가 되어버렸다.

그런데 그렇게 위험한 나무가 전 세계 다른 나라에서는 어떤 대접을 받고 있을까? 스페인의 유명 도시 바르셀로나의 몬주익(Montjuïc) 근처에는 협죽도가 도처에 식재되어 있다. 몬주익은 1992년 바르셀로나 올림픽 때 황영조 선수가 금메달을 딴 곳이다. 바르셀로나 뿐 아니라 스페인의 고속도로 주변의 아름다운 경관을 협죽도가 담당하고 있고, 지중해 연안을 중심으로 유럽의 각국에서는 협죽도를 주요 조경수로 사용하고 있다.

사실 독성이 있는 식물은 종류가 매우 많다. 약(藥)과 독(毒)은 한 끗 차이라는 말이 있지 않은가! 예를 들면, 은행나무의 은행은 어느 정도 먹으면 약이지만 너무 많이 먹으면 독이 된다. 심지어 철쭉도 진달래가 참꽃이라 불리는 것과 달리 개꽃이라 불리는 독이 있는 식물이다. 과거 우리나라의 어느 권력자가 인도를 순방하던 중에 협죽도를 보고 감탄을 했는데, 수행비서가 권력자의 비위를 맞

추느라 협죽도를 도입했다는 설이 있다. 사실 그게 아니
더라도 협죽도는 우리나라에 다른 여러 가지 이유로 도
입이 되었을 것이다. 한때는 예뻐서 들여왔던 것을 이제
는 독이 있다는 이유로 배척하는 것인데, 지금 우리 국민
의 눈높이에서 충분히 극복할 수 있는 문제인 것을 과도
한 불안감을 조성하여 우리 주변에서 협죽도 경관이 점
차 사라지고 있는 것이다.

스페인 몬주익의 마법의 분수(Magic Fountain of Montjuïc) 주변에 식재된 협죽도. 한 해
수만 명의 관광객이 방문하는 이곳에서 분수, 캐스캐이드 그리고 협죽도를 감상한다.

스페인 그라나다의 협죽도 터널. 유럽인들의 협죽도 사랑은 매우 특별하다

② 플라타너스 혹은 양버즘나무(*Platanus occidentalis*)

우리나라의 대표적인 가로수 하면 양버즘나무, 은행나무, 왕벚나무 등이 떠오른다. 1980년대에 가장 많이 심어진 가로수는 양버즘나무였다. 양버즘나무는 줄기가 사람 얼굴에 핀 버짐처럼 껍질이 벗겨진다고 하여 붙여진 이름이다. 우리에게는 양버즘나무보다는 플라타너스로 익숙하다. 한때 대표적인 가로수였던 양버즘나무는 왕성한 성장력과 꽃가루 알러지에 대한 민원으로 점차 줄어들고

있다. 양버즘나무가 천덕꾸러기로 전락한 것이다. 시대에 따라서 혹은 민원에 의해서 선호하는 가로수가 달라지면서 최근 가로수 현황은 은행나무, 왕벚나무, 이팝나무, 느티나무 순이며 양버즘나무는 거의 식재되고 있지 않다.

우리나라와 달리 양버즘나무나 단풍 버즘나무(Platanus × hispanica)는 유럽이나 북미에서 매우 인기 있는 나무이다. 유럽의 대부분의 플라타너스는 단풍 버즘나무이다. London Plane이라고 불리는 이 나무는 버즘나무(P. orientalis)와 양버즘나무(P. occidentalis)의 교배종이다. 영국 런던의 대표 가로수이며 공원수이다. 켄싱턴 가든(Kensington Gardens), 하이드 파크(Hyde Park), 그린 파크(The Green Park) 그리고 세인트 제임스 파크(St James's Park)로 이어지는 녹지축도 단풍 버즘나무가 주축을 이루고 있다. 인상 깊은 곳으로 영국의 배스(Bath)에서는 단풍 버즘나무 5그루로 웬만한 공원만큼의 큰 녹음과 휴식 공간을 제공하고 있었다. 많은 사람들이 찾아가고 싶어 하는 뉴욕의 센트럴 파크(Central Park) 그리고 브라이언트 파크(Bryant Park)도 양버즘나무 위주로 조성되어 있다.

영국 런던 그린 파크(The Green Park)의 단풍 버즘나무. 단풍 버즘나무들이 제수형을 간직하고 있고 런던의 명물로 불린다.

영국 배스(Bath)의 단풍 버즘나무. 단지 5그루의 단풍버즘 나무만으로 도시에서 웬만한 공원 규모의 녹음과 휴식 공간을 제공하고 있다.

미국 뉴욕의 브라이언트 파크(Bryant Park). 양버즘나무가 공원에서 녹음과 휴식을 제공하고 있다. 양버즘나무는 여름에는 그늘을 겨울에는 따뜻한 햇볕을 투과시켜주면서 뉴욕커들은 물론 방문객들에게 명소가 되었다.

    양버즘나무는 생장력이 왕성하다. 양버즘나무가 도심에 심겨졌을 때 이렇게 왕성한 생장을 예측하지 못했나 보다. 다른 나라와 달리 도심에서 상점 간판이 중요한 우리의 실정에서 간판을 가리는 양버즘나무는 애물단지였고, 도심의 가로수와 나무의 접촉 또한 큰 문제였다. 거기에 더하여 꽃가루 알러지 민원까지 제기되니 양버즘나무는 설 자리를 잃은 것이다. 양버즘나무의 수난은 계속되었다. 학교의 주요 조경수로 일찌감치 많이 식재되었으나 역시 왕성한 생장력으로 인해서 강하게 전정되어 제 수형을 갖고 있는 나무가 드물었다. 간혹 제 수형은

지니고 있는 양버즘나무를 발견하게 되면 그리 반가울
수가 없다.

경상국립대학교 칠암캠퍼스 구내에는 제 수형을 유
지하고 있는 양버즘나무가 있어서 시간이 되면 방문하
여 안부를 살피곤 한다.『창원에 계신 나무 어르신』의 저
자 박정기 선생은 최근 남해군의 한 폐교에서 양버즘나
무 거목을 발굴하였다. 흔히 천연기념물이나 시도 지정
보호수로 지정된 것들은 오랜 역사성과 더불어 인문학적
이야기가 묻어 있다. 그런 면에서 양버즘나무는 우리나
라에 도입된 역사도 상대적으로 짧고 인식도 그리 좋지
않다. 그러나 그것은 우리의 편견일 수 있다. 세계적으로
사랑받는 양버즘나무가 우리나라에서 오히려 미움을 받
는 것을 오로지 나무의 장점을 살리지 못한 우리의 잘못
이다. 그래서 남해군의 폐교에서 발굴된 양버즘나무는
보호수로 지정되어도 손색이 없다고 할 것이다. 한편, 부
산시민공원에는 기억의 숲이라는 곳이 있다. 부산시민공
원은 과거 미국기지였던 하야리야부대를 부산시민에게
돌려주는 의미에서 설계되었는데, 설계과정에서 기존에
있던 양버즘나무를 한 곳에 모아 옮겨 심고 '기억의 숲'이
라 칭한 것이다. 설계 및 시공 당시만 하여도 처치가 곤
란한 애물단지였다. 그러나 공원이 개방되고 본격적으로
이용되고부터 양버즘나무가 옮겨 심겨진 기억의 숲이 가

장 인기있는 곳 중의 하나가 되었다. 그 이유는 더운 여름 그늘을 제공함은 물론 휴식의 공간도 제공하기 때문이다. 우리가 필요해서 나무를 가져다 심었다면 응당 그 책임은 우리의 몫이다. 그 어떤 나무도 예외는 없다.

남해군의 한 폐교에서 발견된 양버즘나무 거목. 양버즘나무가 우리나라에 도입된 지 120 여 년으로 상대적으로 짧은 역사를 가졌지만, 보호수로 지정할 만한 가치를 지녔다. 양버 즘나무를 발굴한 박정기 선생이 나무의 재원을 측정하고 있다.

부산시민공원의 기억의 숲. 시민공원을 조성할 당시 하야리아 부대 내에 산재한 양버즘나 무를 이곳에 이식하고 기억의 숲이라 이름 붙였다. 그러나 녹음과 휴식이 제공되는 장소 가 되면서 이용객들이 가장 좋아하는 곳이 되었다.

7

육박나무(Actinodaphne lancifolia)를 찾아서

2012년 어느 날 한려해상국립공원 동부사무소로부터 전화가 왔다. '한려동부 바닷길 100리(가칭) 조성 사업'을 추진 중인데, 경쟁 입찰에 참여할 수 있겠냐는 것이었다. 그 당시만 해도 한려해상국립공원의 주요 섬들을 간헐적으로 방문만 했었기 때문에 섬들에 대한 정보가 부족했는데 갑자기 관심이 생겨서 자료를 찾아보았다. 자료를 이리저리 들여다보니 섬과 바다가 너무 아름다웠다. 단지 그 이유 때문에 이 과제를 해보고 싶은 욕심이 생겼다. 부랴부랴 팀을 꾸리고 제안서를 최대한 정성을 들여 작성했다. 뜻이 통했는지 경쟁 입찰에서 우리가 높은 점수를 받아 과제를 수행하게 되었다. 이때까지만 해도 육박 나무는 내 머릿속에서 과거에 스친 기억으로만 존재했다.

본격적인 과업이 시작되고 미륵도, 한산도, 비진도, 연대도, 대매물도, 소매물도를 다니기 시작했다. 각 섬들은

아름답기 그지없었다. 섬마다 탐방로에 대한 자원조사
를 하고 그것을 바탕으로 탐방로의 환경해설에 대한 것
과 탐방로 명칭을 결정하는 작업이었다. 작업은 순조롭
게 진행되었다. 그날은 비진도를 조사하는 날이었다. 비
진도는 산호는 없지만 '산호길'로 불릴 만큼 바다 색깔이
오묘하고 아름다웠다. 비진도 탐방로를 조사하던 중 육
박 나무군락을 발견했다.

줄기가 군데군데 떨어지면서 독특한 모양을 만들어내는 비진도의 육박 나무.

육박 나무는 이름부터가 전투적이다. 그래서 그런가
줄기가 마치 군복을 연상하는 무늬를 가졌다. 나무껍질

이 군데 군데 떨어지면서 생긴 현상이다. 늘 푸른 나무이며 우리나라에서는 남해안과 섬 지역에 주로 분포하고 있다. 대학원생 시절에 완도 조사를 갔다 육박 나무를 처음 접했는데, 이름과 줄기의 모습 때문에 머릿속에 각인이 되어 있던 나무였다. 그 나무를 비진도에서 다시 만난 것이다. 너무 반가운 나머지 육박 나무는 어떤 나무이며 어떤 환경에서 생육하는지 궁금해졌다. 그래서 과업이 끝나면 별도로 육박 나무를 연구하기로 마음먹었다. 내 사비를 들여서라도.

과업이 종료되고 연구팀을 꾸렸다. 연구를 시작할 당시에는 연구비가 없던 터라 자원봉사라는 점을 강조하며 순천대학교 박석곤 교수와 부산대학교 이상철 박사를 섭외했다. 모두 육박나무의 생태에 관심이 있던 터라 흔쾌히 연구에 동참해 주었고, 비진도를 재방문하여 예비조사를 마쳤다. 그리고 육박 나무 사진을 개인 SNS에 자랑삼아 올렸다. 그랬더니 SNS 친구들이 육박 나무에 대한 제보를 해주었다. 어디서 육박 나무를 보았다. 위치는 어디라는 구체적인 내용이었다. 연구에 참고하였다. 보통, 연구를 하게 되면 관련 연구 자료를 찾아보는데 다행이 육박 나무에 대한 선행논문이 있었다. 그 논문의 내용을 참고하여 남해안에 분포하는 육박 나무 주요 생육지에 대한 조사를 진행했다. 그렇지만 의무가 부과된 연구가 아니었으므로 다른 업무에 늘 밀려 있었다. 그래도 틈틈이 육박 나무를 찾아다녔다. 그리하여 2014년부터 경남 통영의 비진도를 시작으로 전남 고흥군 애도와 완도군 보길도의 육박 나무군락의 조사를 마칠 수 있었다.

연구가 진행되는 동안 필자가 연구년을 가는 바람에 연구는 잠시 중단되었다. 필자가 돌아왔을 때는 공동연구원인 박석곤 교수가 연구년을 간 상태였다. 연구 진도가 지지부진했다. 그러다 2016년 연말 다급하게 일본으로 전화가 왔다. 박석곤 교수가 후쿠오카 근처의 다찌바나산(立花山)에 갔다가 육박 나무 군락을 발견한 것이다. 혼자 근처 산으로 산책을 가다 육박 나무와 녹나무 군락을 발견을 했는데 예사롭지 않다고 느꼈는지 곧바로 필자에게 전화를 했던 것이다. 크리스마스를 앞두고 가족과 함께 보내야 할 시간이었지만 여러 가지 여건상 지금 조사하지 않으면 안된다는 박교수의 강력한 주장에 따라 이상철 박사와 곧바로 일본으로 건너갔다. 군락지가 후쿠오카(福岡) 시내에서 멀지 않았는데 그동안 국내에서 조사했던 육박 나무와는 군락의 규모가 달랐다. 육박나무 군락지가 대규모로 펼쳐져 있고 더불어 녹나무 군락지도 같이 볼 수 있었다. 크리스마스까지 반납하고 일본으로 건너온 우리 연구진은 흥분을 감추지 못했다.

"너를 만나러 우리가 긴 여정을 왔구나"

일본 후쿠오카 다찌바나산(立花山)의 육박나무를 조사하는 이상철 박사.

우리 연구진의 연구는 2018년 한국환경생태학회지에 「난온대 상록활엽수림 지역의 식생천이계열 고찰: 육박나무군락을 중심으로」라는 제목으로 대단원의 막을 내렸다. 2012년 무시코 받은 전화 한 통으로부터 시작하여 비진도에서 육박 나무를 만났고 그것이 계기가 되어 시작된 연구가 2018년 연구 결과로 나오기까지 긴 여정이었다. 나중에 연구 논문이 게재되었을 때 지나온 길을 뒤돌아보고 이 과정을 어떻게 부를까 하다 '뜻밖의 여정'으로 부르기로 했다.

　초보자도 남해안 여행에서 육박 나무를 찾아내기란 그리 어렵지 않다. 남해안의 웬만한 섬에는 육박 나무가 대부분 분포한다. 단지 육박 나무의 규모가 놀랄 정도 인가가 다를 뿐이다. 누군가 남해안을 여행하다가 육박 나무를 만나면 홀연 뜻밖의 여정을 기획해 보시라.

　참! 그래서 어떤 연구 결과를 얻었을까? 자연은 늘 변화하고 숲도 늘 변화하면서 발달한다. 우리나라의 경우 중부 온대지방에서는 숲의 발달에 대한 연구가 많지만, 남해안의 상록활엽수림에 대한 천이 연구는 부족한 편이었다. 현재까지 연구된 바로 상록활엽수림의 천이는 육박나무, 생달나무, 황칠나무, 참식나무 등이 극상림일 것이라는 주장이 많았다. 이번에 우리 연구진이 육박 나무를 조사하면서 밝힌 것은 육박 나무가 극상 수종이 아니라 천이 중도 수종일 것이라는 것이다. 즉, 기존에 극상림으로 생각되었던 육박 나무, 생달나무, 참식나무에 이어서 구실잣밤나무, 붉가시나무, 참가시나무로 이어질 것으로 예측했다. 물론 숲의 발달은 주변 환경과 긴밀한 관계가 있기 때문에 어느 단계에서 숲의 종치환이 멈출 수도 있을 것이지만 절대적으로 부족한 상록활엽수림의 연구가 두텁게 쌓이면 점차 흐름을 밝혀낼 수 있을 것이다. 우리 연구진은 이런 연구 흐름에 일조를 한 것으로 크게 만족해하고 있으며, 기회가 된다면 또 다른 뜻밖의 여정을 하고 싶다.

한국환경생태학회지 32(1): 77~96, 2018
Korean J. Environ. Ecol. 32(1): 77-96, February 2018

ISSN 1229-3857(Print) ISSN 2288-131X(Online)
https://doi.org/10.13047/KJEE.2018.32.1.77

난온대 상록활엽수림 지역의 식생천이계열 고찰[1a]
-육박나무군락을 중심으로-

박석곤[2] · 최송현[3*] · 이상철[4]

A Review of Vegetation Succession in Warm-Temperate Evergreen Broad-Leaved Forests[1a]
-Focusing on *Actinodaphne lancifolia* Community-

Seok-Gon Park[2], Song-Hyun Choi[3*], Sang-Cheol Lee[4]

요 약

난온대 상록활엽수림의 식생천이계열을 논의하기 위해 극상림이라 알려진 육박나무군락이 생육하는 한국 3곳(비진도, 애도, 보길도)과 일본 1곳(다치바나산)을 조사 및 분석했다. 이를 토대로 한국, 일본, 중국, 대만의 관련문헌을 검토해 상록활엽수림의 분포특성, 식생천이계열 및 극상수종을 고찰했다. 다치바나산과 애도는 육박나무군락이 가장 발달한 식생구조를 보였지만, 토양분석 및 CCA분석에서 육박나무군락을 난온대 천이극상단계의 조건으로 판단하기엔 부족함이 보였다. 한국과 일본에서 육박나무군락은 드물게 분포하는 반면, 동아시아 난온대 지역에 보편적인 식생유형은 후박나무류, 잣밤나무류, 가시나무류였다. 한국 난온대 지역의 식생천이계열은 곰솔·소나무·졸참나무 등(초기단계)→후박나무·생달나무·참식나무·육박나무 등(중간단계)→구실잣밤나무·붉가시나무·참가시나무 등(극상단계)의 순으로 2차천이가 진행될 것으로 추정된다. 단, 조풍의 영향을 강하게 받는 입지조건이나 잣밤나무류·가시나무류의 종자공급이 어려운 곳에서는 후박나무류 유형이 토지극상일 것이다.

주요어: 극상림, 잣밤나무류림 유형, 조엽수림, 가시나무류림 유형, 후박나무류림 유형

한국환경생태학회지에 게재된 육박 나무 연구 논문

8.

숲이 가르쳐주는 지혜

숲을 다녀온 사람들은 육체는 물론이고 정신적으로 힐링을 하고 왔다는 표현을 많이 한다. 식물들은 동물과 달리 근육을 가지고 있지 않으므로 생존을 위한 저항을 화학적으로 하게 된다. 이를 항생(抗生)이라고 한다. 곤충의 애벌레가 잎을 갉아 먹을 경우, 미생물이 식물 체내에 침투하는 경우 항생물질을 분비해서 대항하는 것이다. 이러한 항생은 식물의 잎이나 열매, 줄기에 화화적 결과로 남게 되는데, 인간의 입장에서 보면 향신료가 되기도 하고 향수의 재료 혹은 약품의 원천적 재료가 되기도 한다.

산림욕은 휘발성 유기화합물로 구성되어 있는 항생물질 즉, 식물들이 자기방어를 위해 뿜어내는 피토치드(phytoncide)가 사람들이 숲을 걷는 과정에서 우리 몸을 정화한다는 의미를 담고 있다. 이런 물리적이고 생물적인 것 외에 정신적인 것이 있다. 숲이 우리에게 가르쳐 주는 가장 큰 지혜는 교감이다. 우리는 소통을 위해 대화를 한다.

사람들에게 희노애락은 결국 소통의 결과이기도 한 것이다. 살다 보면 억울한 일도 있고, 이것을 해소하기 위해 하고 싶은 말도 있는데 꼭 그럴 수 있는 상황이 주어지는 것은 아니다. 오죽하면 임금님 귀는 당나귀 귀라는 우화가 나왔을까. 나를 아끼는 사람들이 곁에 있는 것 같아도 그 진심을 알 수 없다. 하지만 숲 그리고 숲속에 있는 나무들은 우리의 얘기를 들어준다. 맞장구도 치지 않고, 직접적으로 내 말에 동의를 해주지도 않는다. 내가 하는 얘기를 다른 사람에게 전하지도 않는다. 다른 사람들이 한 얘기를 내게 하지도 않는다. 그들은 침묵을 일관하고 있다. 그런데 그들의 침묵이 우리에게 위안이 된다. 일방적이기는 해도 이것이 숲이 우리와 소통하는 방법이다.

Collectio Humanitatis pro Sanatione III

숲을 만나는 기쁨

초 판 1쇄 2024년 09월 25일

지은이 최송현
펴낸이 류종렬

펴낸곳 미다스북스
본부장 임종익
편집장 이다경, 김가영
디자인 임인영, 윤가희
책임진행 김요섭, 이예나, 안채원
표지 일러스트 김강현 〈그곳에 가면〉
저자 일러스트 신노을
책임편집 김남희, 류재민, 배규리, 이지수, 최금자

등록 2001년 3월 21일 제2001-000040호
주소 서울시 마포구 양화로 133 서교타워 711호
전화 02) 322-7802~3
팩스 02) 6007-1845
블로그 http://blog.naver.com/midasbooks
전자주소 midasbooks@hanmail.net
페이스북 https://www.facebook.com/midasbooks425
인스타그램 https://www.instagram.com/midasbooks

ISBN 979-11-6910-803-4 03100

값 17,000원

미다스북스는 다음세대에게 필요한 지혜와 교양을 생각합니다.